Bill & Pam Farrel

Romantische Tipps für Frauen

cap-books

Romantische Tipps

FÜR FRAUEN

BILL & PAM FARREL

Bestsellerautoren vieler Ehe- und Familienbücher

Bestell-Nr.: 52 50468
ISBN 978-3-86773-221-5

Alle Rechte vorbehalten
© Deutsche Ausgabe 2014 by cap-books/cap-music
Oberer Garten 8
D-72221 Haiterbach-Beihingen
07456-9393-0
info@cap-music.de
www.cap-music.de

Deutsch von Günter Matthia und Eva Miller-Matthia, MatMil & Kollegen
Buch- und Medienherstellung GbR Berlin
Umschlaggestaltung: Rebecca Tetzlaff
Foto: © szefei/shutterstock

Originaltitel:
RED-HOT ROMANCE TIPS FOR WOMEN
Copyright © 2014 by Bill and Pam Farrel
Published by Harvest House Publishers
Eugene, Oregon 97402
www.harvesthousepublishers.com

Namen und weniger wichtige Details aus dem Leben der in diesem Buch
erwähnten Menschen wurden verändert, um deren Persönlichkeitsrechte zu
schützen. Die Erlebnisse und Gedanken von Personen (außer den beiden Autoren), die in diesem Buch erscheinen, sind persönlichen Briefwechseln mit
Genehmigung der jeweiligen Personen entnommen.

Sofern nicht anders angegeben, sind die Bibeltexte aus der Lutherbibel, re-
vidierter Text 1984, durchgesehene Ausgabe, © 1999 Deutsche Bibelgesell-
schaft, Stuttgart, entnommen.

26 romantische Tipps für Frauen

Deine Romanze beginnt

Ich hoffe, du hast es zumindest einmal erlebt, dieses Funkeln in den Augen deines Mannes, sein breites, leicht irritiertes Grinsen von Ohr zu Ohr, seinen starken Arm, der dich nimmt und festhält, seinen heißen Atem auf deinem Nacken, der dich anfleht, näher und näher und näher zu kommen, diesen zarten Kuss im Genick, der ein wohliges Prickeln in dir erzeugt, begleitet von seinem Flüstern »ich will dich, ich brauche dich, ich liebe dich … ich begehre dich!«

Tief in uns Frauen wohnt die Sehnsucht, begehrt zu werden. Aber nicht selten scheuen wir davor zurück, begehrenswerte Frauen zu werden, einfach weil es uns ein paar Veränderungen abnötigen würde: Um heiß geliebt zu werden, müssten wir nämlich liebende Frauen sein. Den Begriff »Verführung« bringen wir häufig nur mit der »Jagd nach dem Partner« während der ersten Phase einer romantischen Beziehung in jungen Jahren in Verbindung. Um aber dauerhaft verführerisch, also reizvoll und anziehend, zu bleiben, müssen wir aktiv daran arbeiten, nicht verdrießlich, nervend oder unangenehm zu werden.

In diesem Buch wirst du 26 Charakterzüge kennen lernen, die dir dabei helfen können, eine begehrenswerte, verlockende und heißgeliebte Ehefrau zu werden und auch zu bleiben. Um diese Charakterzüge zu definieren, haben Bill und ich zahlreiche Aussagen von Ehemännern untersucht. Wir wollten herausfinden, woher die häufigsten Verletzungen, Enttäuschungen und Schmerzen in den Herzen der Männer stammen. Anschließend haben wir unter die Lupe genommen, wie liebende Männer aus Sicht der Frauen hilfreich sein und handeln können, damit Probleme solcher Art nicht entstehen oder wieder beseitigt werden.[1] All die Beschwerden und Klagen haben wir bis ins Kleinste untersucht, um in diesem Buch Eigenschaften aufzählen zu können, mit denen Frauen aus der glimmenden Asche ihrer erotischen Beziehung die Flammen der Liebe neu entfachen können.

Im Verlauf der Kapitel werden wir also charakterliche Eigenschaften betrachten, die Männer an Frauen attraktiv finden. Indem du zur unwiderstehlichen Traumfrau deines Mannes wirst, gelingt es dir nämlich am besten, das erotische Feuer der Liebe lichterloh zu entfachen!

Bill und ich wollen ganz offen mit dir sein: Wir pflegen eine »natürliche« Sicht bezüglich sexuellem Dazulernen und Steigerung der Lust. Wir glauben nämlich, dass Liebe, Sex und Intimität ziemlich fantastisch waren, als Gott sie damals im Garten Eden erschaffen hat. Das heißt allerdings nicht, dass wir dir vorschlagen werden, einen Koffer voll Sexspielzeug zu kaufen oder teure erotische Instrumente zur Luststeigerung anzuschaffen. Wir werden dir nichts empfehlen, was mit dem kostbaren, allen fremden Blicken verborgenen und heiligen Schutzraum deines Ehebettes unvereinbar wäre. Ebensowenig werden wir in diesem Buch den Bereich der Empfängnisverhütung ansprechen. Darüber haben wir ausführlich in unserem Buch *The First Five Years* geschrieben.

Der Schwerpunkt dieser Tipps für dein heiß entflammtes Liebesleben besteht vielmehr darin, dass du deine charakterlichen Eigenarten und deinen Einfallsreichtum in deine Ehe einbaust. Du wirst eine Fülle von Ideen für eine lichterloh entfachte erotische Beziehung finden, aber die sollen in erster Linie als Funken dienen, um deine eigene Fantasie zu entzünden.

Letztendlich besteht ein heißes Liebesleben nicht aus einer Liste von Ideen – sondern es geht um eine Beziehung!

Wir haben die Reise zur knisternden Romanze so einfach wie möglich gegliedert und nehmen uns lediglich 26 Themen vor. Wenn du jeden Tag eines der Kapitel liest und anwendest, kannst du in 26 Tagen eine erneuerte Frau werden: liebevoller, fürsorglicher, anteilnehmend und sexy. Du kannst dich natürlich auch mit nur einem der Themen pro Woche beschäftigen und dir auf diese Weise in etwa einem halben Jahr 26 Begegnungen mit der Romantik gönnen. Wir raten jedoch zur intensiveren 26-Tage-Reise, weil sie mehrere Vorteile mit sich bringt:

- ♥ *Fokus* – all deine Zeit, Energie und dein Denken werden sich um das eine Ziel drehen: begehrenswerter zu werden.

- ♥ *Freiheit* – du wirst die Frau, in die du dich verwandelst, lieben: sexy, begehrt, verführerisch.

- ♥ *Feinabstimmung* – dein Wesen, dein Charakter, dein Herz und deine Seele werden beeinflusst. Du wirst ... nun ja, netter. Dieses Buch wird dir dabei helfen, ein paar raue Kanten abzuschmirgeln.

Es lohnt sich!

Es gibt keine Kehrseite der Medaille, wenn du eine ver-
lockendere, verführerische Frau wirst. Während du immer begehrenswerter wirst, steigt die Wahrscheinlichkeit, dass dein Mann die Veränderungen wahrnimmt
und mehr Zeit – auch mehr romantische und erotische
Zeit – mit dir verbringen will. Wenn er jedoch, was allerdings sehr unwahrscheinlich ist, nicht so reagiert,
wie du es erhoffst und erwartest, dann gib nicht auf,
sondern investiere weiter deine Energie in den Prozess.
Es wird dir gefallen, wie du dich in eine geschicktere
und zärtlichere Frau mit mehr Selbstsicherheit verwandelst. Jeder Mensch in deinem Leben wird davon profitieren, dich selbst eingeschlossen!

SIEG – dein Stichwort!

Nimm dir zuerst einen Moment Zeit, um ein paar Ziele
zu notieren, die du durch die Lektüre auf dem Weg zur
glühend heißen Liebe erreichen willst. Ein hilfreiches
Stichwort, als Eselsbrücke auf dem Weg gedacht, lautet:
SIEG:

S – *sachkundig.* Es kann sein, dass du aus deinem persönlichen Wohlfühlbereich ausbrechen, eigene Grenzen überschreiten musst, dass du Erkundungen und Forschungen anzustellen hast, um die besten Antworten auf deine Fragen zu finden. Wir haben uns bemüht, dir für diese Forschungen und Untersuchungen eine solide Startbasis bereitzustellen. Welche Frage ist dir die wichtigste?

I – *inspiriert.* Erlaube dir große Träume und strebe nach Größe – bezüglich deines Mannes und für deine Ehe. Was möchtest du am 26sten Tag für deinen Mann empfinden?

E – *eindeutig.* Lege die Details fest. Nimm eine vielleicht noch vage Hoffnung und entwickle sie zu einem handfesten Aktionsplan. Welche konkrete Veränderung im Bereich der Liebe soll Wirklichkeit werden?

G – *geplant.* Halte fest an deinem Vorsatz – nimm dir Zeit für das Projekt. Du wirst Zeit zum Lesen brauchen, Zeit, um für deinen Mann und deine Ehe zu beten und nicht zuletzt auch für knisternd heiße romantische Stunden zu zweit. Plane dein Vorgehen und mache dir Notizen in deinem Kalender, oder notiere dir Aufgaben in Outlook, damit du deinen Plan auch wirklich umsetzt. Welche Zeiträume wirst du für das Entfachen des Liebesfeuers an welchen Tagen reservieren?

Diese Stichpunkte werden dir auf dem Weg helfen — denke einfach immer an **SIEG**.

Du bist dabei nicht allein!

Gott ist bei dir, und er ist der Urheber der Liebe!

> *Ihr Lieben, lasst uns einander lieb haben; denn die Liebe ist von Gott, und wer liebt, der ist von Gott geboren und kennt Gott.* (1. Johannes 4,7)

> *Lasst uns lieben, denn er hat uns zuerst geliebt.* (1. Johannes 4,19)

Ja, Gott ist auf dieser Reise an deiner Seite unterwegs. Sprich mit ihm über deine Hoffnungen, Träume, Ideen und Gefühle. Wenn du auf schwieriges Terrain gerätst und nicht weiterkommst, dann halte inne und sage: »Gott, zeige mir, was ich tun soll.« Er wird eine Idee in deinen Geist pflanzen, einen Funken des Begeh-

rens anzünden und dich mit einem neuem Hoffnungs-
schimmer versorgen.

Bitte jemanden um Hilfe.

Es mag sein, dass du mutiger und entschlossener bist,
wenn du jemandem Rechenschaft ablegen musst. Eine
Freundin, eine Schwester, eine Mentorin oder auch
eine Bibelstudiengruppe, die das Thema Ehe behan-
delt, können dich auf deinem Weg begleiten. Bitte Gott
darum, dass er dir zeigt, wer als Begleiterin auf deiner
Reise zum Ziel, eine Frau mit mehr Liebe zu werden,
in Frage kommt.

Dann kaufe für sie ein Exemplar dieses Buches,
und ihr geht gemeinsam los. Oder vielleicht findet sich
eine ganze Gruppe von Frauen zusammen, die zusammen das Ziel verfolgen wollen, bessere Ehefrauen und
Liebhaberinnen zu werden? (Auf www.Love-Wise.com
gibt es einen Gesprächsleitfaden für Gruppen zu diesem Buch.) Ich (Pam) habe erlebt, dass sich aus solch
einer »Schwesternschaft« große Kraft zur Veränderung
entwickeln kann und dass Frauen durch die Gemeinschaft ermutigt werden, ihre Ehemänner noch treuer
zu lieben.

Bill und ich haben auch ein Buch mit dem Titel *Red Hot Monogamy* geschrieben. Es handelt sich dabei um einen Leitfaden, mit dessen Hilfe Ehepaare die Temperatur hinter der Schlafzimmertür innerhalb von nur acht Wochen erhöhen können. Das Buch ist zum gemeinsamen Lesen für Ehepaare gedacht, es enthält nämlich handfeste Hausaufgaben (wobei »Hand« durchaus wörtlich gemeint ist). Eine Leserin, die auf der Suche nach neuen Ideen war, um in ihre bereits gute Ehe noch zusätzliches Knistern zu bringen, las das Buch und übernahm etliche der kreativen Ideen. Die Ehe verwandelte sich von »gut« in »fantastisch«. Diese Leserin leitete eine kleine Gesprächsgruppe von Frauen zum Thema Ehe. Nach einer Veranstaltung kam eine der Teilnehmerinnen weinend zu ihr und bekannte, dass ihre Ehe zerbrochen war. Die Leiterin der Gruppe gab der Frau unser Buch *Red Hot Monogamy*.

Während sie es dann las, erwärmte sich ihr Herz wieder für ihren Ehemann. Sie betete und hörte auf Gottes Stimme. Aus der kaum noch glimmenden Asche der Beziehung entsprang ein neuer Hoffnungsfunke. Sie begann, am Telefon ihrem getrennt lebenden Mann Teile aus dem Buch vorzulesen. Er fing damit an, das heimische Liebesnest herauszuputzen und fein zu machen (übrigens einer der Tipps in diesem Buch).

Als sie zu ihm zurückkehrte, sah sie die praktischen Zeugnisse seiner Liebe und erkannte die Sehnsucht auf seiner Seite. Sie war beeindruckt: »Wir unternahmen Spaziergänge, führten Tagebücher, machten gemeinsame Andachten und beteten zusammen. Ich hatte meinen Ehemann zurückbekommen!«

Das ist brennende Liebe! Und das wird auch bei dir funktionieren. Es ist eine gute Idee, ein Tagebuch zu führen, während du dieses Buch liest. Dort kannst du Ideen festhalten und Gedanken notieren, die der Beschäftigung mit einzelnen Themen entspringen.

Also blättere um und fang damit an, deine Liebe wieder aufleben zu lassen – oder dem bereits brennenden Feuer zusätzliche Nahrung zu geben.

Anerkennend

Du wirst eine Frau, die Dankbarkeit ausdrücken
kann und die die Qualitäten, den Wert und die Bedeu-
tung ihres Mannes anerkennt.

Du liest dieses Buch, weil du deinen Mann und deine
Ehe zu schätzen weißt. Weil du deinen Mann liebst,
suchst du nach kreativen Ideen, das Feuer in eurem
Liebesleben lebendig und funkensprühend zu erhalten.
In deinem Herzen sehnst du dich danach, deinem Ehemann das Empfinden zu vermitteln, er sei der glück-
lichste Mann auf der ganzen Welt, weil er so klug war,
dich zu heiraten.

Ein Mann, der sich geschätzt, wertgeachtet und
angesehen fühlt, stellt eine der Grundlagen einer starken Liebesbeziehung dar. Ich (Pam) liebe diesen Blick
der Braut bei einer Hochzeit, diesen Schimmer in ihren Augen, das strahlende Lächeln voller Anerkennung
und Wertschätzung. Wenn dein Ehemann spürt, dass

du dich bei der Hochzeit wie die Hauptgewinnerin einer Lotterie fühlst, wird das sein Herz unweigerlich an dich ketten. In seinen Augen bist du unbezahlbar, kostbar. *Wem eine tüchtige Frau beschert ist, die ist viel edler als die köstlichsten Perlen.* (Sprüche 31,10)

Warum du?

Als das Buch *52 Ways to Wow Your Husband: Put a Smile on His Face* erschienen war, stellte ich es kurz danach bei einem »Frauentag« vor, zu dem sich Teilnehmerinnen aus ganz unterschiedlichen Familienverhältnissen versammelt hatten, um zu lernen, Ermutigung zu erfahren und sich inspirieren zu lassen. An jenem Tag hörte ich ziemlich oft: »Warum ich?« »Wofür soll sich das lohnen?« »Warum ist es nicht *seine* Angelegenheit?« »Wozu die Mühe?« »Warum den Ehemann beeindrucken?«

Meine Antwort auf solche Fragen lautete immer wieder: »Warum denn nicht?« Die Liebe muss doch bei irgendjemandem irgendwann und irgendwo anfangen. (Und falls du dich fragst, ob wir die Ehemänner völlig von Verantwortung für das Liebesleben freisprechen: keine Angst! Bill arbeitet daran, Männer mit dem nötigen Wissen auszurüsten, damit sie ihre Frauen umwerben lernen. Wenn du über www.Love-Wise.com mit uns in Verbindung bleibst, wirst du auch die hilfreichen Texte entdecken, die für Ehemänner geschrieben sind.)

Du kannst die Zündkerze in deiner Ehe sein – diejenige, die eure Romanze in Gang setzt. Das ist wahre Macht! Du bist kein Fußabtreter, du bist nicht armselig und du bist auch nicht schwach, weil du nämlich eine Frau sein willst, die ihren Mann liebt – oder, anders ausgedrückt, ein Mädchen, das ihren Kerl glücklich machen will. Das ist nicht Schwäche, sondern Stärke. Deine Liebe für deinen Mann und deine Ehe hat die Kraft, eure Beziehung zu verändern und vielleicht sogar auch ihn, den Ehemann. Während du selbst dich veränderst, wird zwangsläufig die eheliche Beziehung anders, und das kann auch dazu führen, dass dein Mann sich ändert.

Wenn du aber mit einem Mann verheiratet sein solltest, der dich auf irgendeine Weise missbraucht, dann sorge dafür, dass du mit allen anderen Familienmitgliedern vor ihm in Sicherheit bist. Wir empfehlen dir in einem solchen Fall das Buch *The Emotionally Destructive Marriage* von Leslie Vernick. Für die meisten von uns allerdings gilt, dass ein kleines bisschen Liebe auf dem Weg zur veränderten Atmosphäre in unserer Beziehung sehr weit reicht.

Tipps für das Liebesleben

Bedanke dich. Such dir eine der folgenden Möglichkeiten aus, deinen Mann wissen zu lassen, dass du bestimmte Qualitäten, die er besitzt, zu schätzen weißt:

♥ Du kannst ihm sagen oder schreiben, dass du
eine bestimmte Eigenschaft an ihm besonders
schätzt.

♥ Bewundere etwas, was er geschafft hat oder
eine Anstrengung, die er unternimmt.

♥ Lobe ihn vor seinen Freunden oder anderen
Menschen.

♥ Mache ihm Komplimente bezüglich seines
Körpers.

♥ Nimm eine seiner Schrullen zum Anlass für
einen schnellen Kuss oder eine Umarmung,
wenn du sie beobachtest.

♥ Wenn er ein bestimmtes Ziel erreicht hat, dann
mache daraus ein Familienfest oder besorge ein
Geschenk.

💚 Wenn er eine Idee hat und äußert, dann zeige dein Interesse, indem du nach weiteren Einzelheiten fragst.

💚 Zeige deine Unterstützung für seine Träume, indem du ein passendes Foto auf deinem Schreibtisch oder an einem anderen geeigneten Ort aufstellst.

💚 Schätze seinen Körper, indem du ihm eine Ganzkörpermassage im Schlafzimmer spendierst.

💚 Lass ihn leidenschaftlich wissen, dass du einen seiner Standpunkte teilst und unterstützt, indem du ihm sagst: »Davon bin ich hundertprozentig überzeugt! Du hast völlig Recht.«

💚 Sage ihm deutlich, dass du seine Gesellschaft zu schätzen weißt. Zum Beispiel kannst du sagen: »Es ist so wunderbar, das Leben mit dir zu teilen!«

💚 Sei aufmerksam bezüglich seiner Bedürfnisse, seinem Alltag. Kaufe etwas Spezielles, was er braucht oder erledige eine Besorgung für ihn.

♥ Besorge ihm eine Kaffeetasse mit einem Aufdruck wie *Ich danke Gott für dich!* Dann serviere ihm das Frühstück (mit dieser Tasse natürlich) ans Bett.

♥ Besorge dir einen gasgefüllten Luftballon, hänge eine kleine Dankesbotschaft an ihm auf und lass ihn in sein Büro schweben, während er dort arbeitet.

Wunderschön

*Du wirst eine Frau, die den Sinnen Lust macht und
die Seele erfreut: entzückend, hübsch, attraktiv, hinreißend, vorzüglich, atemberaubend, elegant, eindrucks-
voll, pfiffig, anziehend, reizvoll, gutaussehend, stilvoll.*

Dein Ehemann hätte bestimmt einmal mindestens
eines dieser Worte benutzt, um dich zu beschreiben.
Wahrscheinlich ist das auch jetzt noch so. Warum dein
Mann dich vermutlich für wunderschön hält (selbst
wenn du dich nicht als hübsch empfindest), geht zurück
auf die allererste Liebesgeschichte: Adam und Eva.

Gott nahm eine Rippe aus Adams Körper, um Eva
daraus zu erschaffen. Das hebräische Wort für diesen
Schöpfungsakt ist *banah*, was ein geplantes und durch-
dachtes Bauen umschreibt. Wenn also dein Mann sagt
»du bist die Frau meiner Träume« oder »es ist, als sei-
en wir für einander gemacht«, dann hat er damit vollkommen Recht. Du wurdest für deinen Mann geplant

und erschaffen. Wenn wir über Schönheit reden, sollten wir uns unbedingt vom unrealistischen Bild eines Laufstegmodells verabschieden. Das wirkt befreiend, denn »80 Prozent der amerikanischen Frauen sind mit ihrem Äußeren unzufrieden«.[2] Unsere Unzufriedenheit mag damit zusammenhängen, dass die Modelle durchschnittlich 23 Prozent weniger wiegen als normale Frauen.[3] Das Yale Center hat einmal ausgerechnet, wie sich der Körper einer durchschnittlichen, gesunden Frau verändern müsste, um die Proportionen einer Barbie-Puppe anzunehmen. Dazu müsste die Frau 60 Zentimeter wachsen, ihren Hals um 8 Zentimeter verlängern, 13 Zentimeter Brustumfang zugewinnen und 15 Zentimeter an der Taille verlieren.[4]

Vickie Heath, die Vizepräsidentin von *First Place 4 Health* und Autorin des Buches *Don't Quit, Get Fit* hat einen besseren Standpunkt als die Barbie-Vorstellung bezüglich dessen, was heute als Schönheit gilt, formuliert: »Stark sein hat dünn sein abgelöst!«[5] Daher wollen wir jetzt unser Augenmerk auf das Wohlbefinden, die Fitness und die Gesundheit richten, damit du länger und stärker lebst.

Während der Recherchearbeit für unser Buch *Red-Hot Monogamy* haben wir herausgefunden, dass Paare, die gemeinsam sportlich aktiv sind, häufiger Sex haben. Dafür gibt es mehrere Gründe. Erstens werden Endorphine freigesetzt, während du Sport treibst. Diese Stoffe sorgen für Glücksgefühle, und eine glückliche Person wird ihren Partner stärker lieben. Zweitens entsteht durch die anstrengende und gleichzeitig spielerische gemeinsame Betätigung beim Sport eine innere Bindung. Und drittens hast du ein positiveres Körpergefühl, wenn du Sport treibst und dadurch eher den Wunsch, deinen Mann deinen Körper betrachten zu lassen.

In meinem Buch *10 Secrets for Living Smart, Savvy, and Strong* habe ich (Pam) ausführlich meine persönlichen Erlebnisse und Erfahrungen geschildert, als ich knapp 23 Kilogramm abgenommen habe, um meine Gesundheit wiederherzustellen und wie ich seither das reduzierte Gewicht gehalten habe. Hier ein paar kurze Tipps, um gesünder zu werden:

💜 Finde einen guten Arzt und Ernährungsberater. (Sprich mit einem Arzt, bevor du irgendwelche Diäten oder Sportprogramme anfängst.)

💜 Bewege dich! (Fünf bis sechs Mal pro Woche)

💜 Ernähre dich gesund. (Obst, wenig Eiweiß)

- ♥ Finger weg von Zucker und industriell behandelten Nahrungsmitteln! (kein Fast Food)

- ♥ Sorge für ausreichende Ruhe. (8 Stunden Schlaf pro Nacht)

- ♥ Trinke viel Wasser und wenig Koffein.

- ♥ Suche dir einen guten Trainer oder Cheerleader.

- ♥ Aufzeichnungen über deine Lebensgewohnheiten helfen! (GPS-Trainingsaufzeichnungen, Tagebuch über Speisen und Getränke, Notizen über sportliche Ergebnisse)

- ♥ Stell dir dich selbst vor als fit, lebendig, verliebt und wunderhübsch!

Bereits während ich noch daran arbeitete, meine Gesundheit wiederherzustellen, hatte ich mehr Selbstvertrauen, fühlte mich sexy und war voller Energie. Unsere Hochzeitstage haben wir jeweils zum Anlass genommen, neue Sportarten auszuprobieren und uns neue Ausrüstung für die Fitness anzuschaffen. Wir haben Schneeschuhe ausprobiert, Jet-Skis, Fahrradtouren unternommen, sind Kajak gefahren und haben Gesellschaftstänze gelernt. Wir haben Fahrräder gekauft, Schlittschuhe, Tennisschläger und allerlei Sportkleidung. Zu einem Geburtstag habe ich Bill zwölf rote Briefumschläge überreicht, und in jedem war ein Gutschein für eine gemeinsame sportliche Aktivität.

Danna Demtre, Koautorin von *Lean Body—Fat Wallet*, hat die positiven Auswirkungen des Wohlbefindens beobachtet: »Nach nunmehr 28 Ehejahren [...] akzeptieren wir die Fehler des Partners und all die üblichen Begleiterscheinungen, die mit dem Älterwerden zusammenhängen. Aber wir beide wissen einen schlanken, fitten Körper zu schätzen, und das erhält die Glut unserer erotischen Beziehung! [...] Ich halte es für wichtig, dass wir auch im fortgeschrittenen Alter genauso darauf bedacht sind, unseren Partner körperlich zu verwöhnen, wie in den ersten Jahren!«

Wisst ihr nicht, dass ihr Gottes Tempel seid und der Geist Gottes in euch wohnt? (1. Korinther 3,16)

Tipps für das Liebesleben

Welche dieser Aktivitäten würden deinem Mann gefallen?

♥ Ab auf die Tanzfläche! (Linientanz, Swing, Gesellschaftstanz)

♥ Ab ans Wasser! (Kajak, Jet-Ski, Wasserski, Paddeln, Surfen)

♥ Ab in die Luft! (Fallschirmsprung, Gleitschirmflug)

♥ Ab auf die Räder! (Fahrrad, Motorrad, Skates, Rollschuhe)

♥ Ab in den Winter! (Skifahren, Snowboard, Eislauf, Schlitten, Schneeschuh)

♥ Ab mit Schlägern in der Hand! (Tennis, Tischtennis, Badminton, Racquetball)

♥ Ab mit Schwung! (Baseball, Softball, Golf)

♥ Ab in die Wildnis! (Spaziergang, Wanderung, Rucksackurlaub, rund um den See, durch den Park, auf den Berg)

- 💜 Ab mit Technik! (Wii-Fitness, DVD-Kurse)

- 💜 Ab auf die Jagd! (Kamera, Pfeil und Bogen, Sportwaffen)

- 💜 Ab ins Fitnessstudio! (Cross-Trainer, Laufband, Ergometer, Muskeltraining, Kurse, Kampfsport)

Lass dir pfiffige Möglichkeiten einfallen, deinen Mann für solche Aktivitäten zu begeistern. Zeig dich ihm in deiner neuen Sportkleidung, in deinem neuen Badeanzug. Entwirf eine kreative Einladungskarte (ein Schlüssel an einem Golf-Club-Prospekt befestigt oder ähnliches). Verkleide dich als Hula-Girl und überreiche ihm sein neues Surfbrett, wenn er nach Hause kommt.

»Zu unserem ersten Hochzeitstag habe ich meinem Mann einen Tauchkurs geschenkt. Jetzt reisen wir schon viele Jahre rings um die Welt zu romantischen Küsten, um zu tauchen.«

Elegant und stilvoll

> *Du wirst eine Frau, die Stil zeigt, die edel und elegant*
> *ist, deren Verhalten erstklassig und die bewunderns-*
> *wert kundig und anmutig ist.*

Eine gute Freundin erzählte mir, wie sie ihren Ehemann bei der Hochzeit einer Freundin kennen gelernt
hatte. Der Mann ergänzte: »Sie war so elegant!«

Irgendwo habe ich einmal die folgende Definition
von gutem Benehmen gehört: »Die Fähigkeit, seinen
Mitmenschen Behaglichkeit bezüglich ihrer eigenen
Person und anderer Menschen sowie ihrer Umgebung
zu vermitteln.« Dieses Wesensmerkmal, genau das
Richtige auf die richtige Weise zur richtigen Zeit zu
tun, ohne dass andere sich dabei minderwertig fühlen,
ist ein Zeichen echter Eleganz und wahren Stils. Eine
elegante Frau beherrscht die sozialen Umgangsformen
mit Grazie. Darüber hinaus kann eine Frau mit ech-
tem Stil und von echter Klasse ihren Ehemann dazu

motivieren, ein galanterer Ehrenmann zu werden. Das gelingt ihr durch Liebe, Annahme und Ermutigung.

Einer stilvollen Frau sind die Menschen in einem Raum wichtiger als die Art und Weise, wie sie den Raum betritt. Es gibt zwei Begriffe, die mit Stil und Eleganz in Verbindung stehen, die wir uns anschauen und die wir anziehen wollen wie ein neues Kleid:

- 💗 *Huld:* Das Schenken eines unverdienten Gefallens oder Segens.

- 💗 *Gnade:* Eine Strafe zurückhalten, die eigentlich verdient wäre.

… und ein jeder sehe nicht auf das Seine, sondern auch auf das, was dem andern dient. (Philipper 2,4)

Tipps für das Liebesleben

Eine stilvolle Frau entscheidet, wohin ihre Gedanken wandern. Sie wählt aus, was sie über ihren Mann denkt. Mache den folgenden Satz zu deinem persönlichen Gedankenfilter: *Was wahrhaftig ist, was ehrbar, was gerecht, was rein, was liebenswert, was einen guten Ruf hat, sei es eine Tugend, sei es ein Lob - darauf seid bedacht!* (Philipper 4,8)

Verteidige und schütze deine Liebe, indem du dich auf das konzentrierst, was an deinem Mann großartig ist. Anhand der folgenden Liste kannst du jedem Wort einen Charakterzug deines Mannes hinzufügen. Zum Beispiel könntest du zum Wort »wahrhaftig« schreiben: »Er hält sein Wort!«

♥ Wahrhaftig:

♥ Großzügig:

♥ Gerecht:

♥ Rein:

♥ Reizvoll:

♥ Großartig:

♥ Lobenswert:

Anschließend kannst du deinem Mann Anerkennung schenken, indem du ihn zu einem gemeinsamen Abend unter feinen Begleitumständen einlädst. Dort lässt du ihn an deiner Liste Anteil nehmen. Zum Beispiel …

… *feudal:* Suche ein Fünf-Sterne-Restaurant aus und verwöhne ihn anschließend ein wenig. Wie wäre es mit einer Partnermassage in einer Therme, Abendessen am Pool, Golf auf einem exklusiven Platz oder Aperitif auf einer Hotelterrasse? Und dann folgt eine »Das ist alles nur für dich, mein erfolgreicher Mann!«-Feier hinter der Schlafzimmertür.

... *bodenständig:* Wenn dein Mann eher der Jeans-und-Stiefel-Typ ist oder Shorts und Flip-Flops bevorzugt, bereite selbst eine Fünf-Sterne-Mahlzeit zu und serviere ihm das Beste, was der Markt bietet. Am besten an einem Ort, an dem er entspannt sein kann, sei es die Terrasse, der Balkon, am Kamin, am Pool, an einem Strand, beim Lagerfeuer oder unter einem Baum im Park oder Garten.

... *direkt:* »Mein Mann liebt James Bond, daher habe ich ein Ereignis namens »Lizenz zur Ekstase« für ihn ausgedacht. Ich habe mir für ihn Hinweise einfallen lassen, die ihm nach und nach meine Pläne für den Abend offenbart haben und was er dazutun konnte. Ich hatte einen Sportwagen gemietet und mich als Bond-Girl verkleidet. Er war James Bond für jene Nacht!«

Richtungweisend

Du wirst eine Frau, die die Richtung angeben kann,
die Wünsche mit taktvoller Autorität äußert und die
in der Lage ist, einen klaren Kurs zu weisen.

So gut wie jeder Mann wird bestätigen, dass es sexy ist, wenn seine Frau im Bett sagt: »O Schatz, ich liebe es, wenn du das tust!« Wenn wir ausdrücken, was uns im Schlafzimmer Befriedigung verschafft, dann ist das erregend für ihn. Aber wie können wir diese süße Kunst der Richtungsweisung aus dem Schlafzimmer heraus in andere Bereiche bringen? Es gibt eine feine Grenze zwischen »rechthaberisch« und »richtungweisend«, und diese Grenze ist für Frauen oft verschwommen. Die Tendenz zum Rechthaberischen scheint uns fast genetisch eingepflanzt zu sein.

Als Gott Eva erschuf, sprach er, dass sie »sehr gut« war. Allein durch die bloße Tatsache, dass es sie gab, hat Eva das Leben verbessert. Wenn wir Frauen die richtigen Motive haben, wenn unsere Herzen rein sind und wir uns von einer himmlischen Sicht auf das Leben leiten lassen, dann gelingt es uns am besten, unsere Ehemänner, Kinder, Gemeinden oder die Gesellschaft zu verbessern. Oft jedoch sind unsere Motive, aus denen wir anderen helfen wollen, narzisstisch. Wir wollen selbst in den Augen der anderen gut dastehen oder unseren Willen durchsetzen.

Wenn wir unsere Motive unter die Lupe nehmen, können wir feststellen, ob wir jene verschwommene Grenze zwischen Rechthaberei und Richtungsweisung überschritten haben. Wir sind manchmal so sehr von unserem »besseren Weg« überzeugt, dass wir in die Falle tappen und meinen, unsere Idee sei besser als die des Schöpfers. Ein Einzelfall? Gott gab Adam und Eva den klaren Befehl, von jedem Baum im Garten zu essen außer einem. Dann kam die Schlange daher und pflanzte den Gedanken in Evas Kopf, dieser Befehl Gottes diene dazu, ihre Freiheit einzuschränken, ihre Flügel zu beschneiden. Eva biss herzhaft in die Frucht, weil sie vielleicht überzeugt war, damit Gottes Plan zu verbessern (1. Mose 3).

Die verschwommene Grenze zwischen »rechthaberisch« und »richtungweisend« ist die Achillessehne vieler Frauen. Maria und ihr Ehemann Sam unterrichteten zusammen in einem Ehevorbereitungskurs. Sam gab einen Kommentar (wohl als Scherz gemeint), den Maria für »daneben« hielt. Also fügte sie vor den Teilnehmern ein paar Worte hinzu, um die Situation zu entschärfen. Nach dem Unterricht setzte sie ihre »Beratungsstunde« mit Sam fort ...

»Beratung« ist ein recht hilfreicher Begriff, wenn es darum geht, ob eine Richtungsweisung oder eine Rechthaberei daraus wird.

- ♥ Die Richtung weist ein Satz wie »Es wäre toll, wenn du die Lampe reparieren würdest, du bist der bestaussehende Handwerker der Welt!«

- ♥ Rechthaberisch wird es dagegen so: »Ich habe dir zehn Mal gesagt, dass du die Lampe reparieren sollst. Was ist los mit dir? Bist du taub oder nur faul?«

- ♥ Richtungweisend: »Schatz, es wäre unglaublich hilfreich, wenn wir heute Abend den Sommerurlaub besprechen könnten!«

- ♥ Rechthaberisch: »Es ist schon fast Sommer und wir haben noch nicht einmal darüber gesprochen, was wir in den Ferien machen. Hast du überhaupt einen Plan? Muss ich etwa für jeden

Urlaub alleine die Entscheidungen treffen, die Flüge buchen? Bin ich hier das Reisebüro?«

♥ Richtungweisend: »Liebling, ich bin etwas überarbeitet. Ich habe ein paar Ideen, wie wir diese arbeitsintensive Zeit bewältigen können … wollen wir heute Abend um den See spazieren gehen und darüber reden?«

♥ Rechthaberisch: »Ich habe einen Babysitter besorgt, also lass uns jetzt reden! Ich habe jetzt selbst einen Plan aufgeschrieben, wie ich mir Hilfe organisieren kann. Wenn ich darauf warte, dass du mir einen Rettungsring zuwirfst, ertrinke ich sowieso.«

Die Temperatur unserer Gespräche, der Atmosphäre in unserem Heim, hängt von unseren Worten ab. *Eure Rede sei allezeit freundlich und mit Salz gewürzt, dass ihr wisst, wie ihr einem jeden antworten sollt.* (Kolosser 4,6)

Tipps für das Liebesleben

Im Bett ist es vorteilhaft, richtungweisend zu sein. Probiere heute Abend eine dieser »Schatz, ich will dich!«-Ideen aus:

💜 Schicke die Kinder zu Oma und Opa. Begrüße deinen Mann an der Tür mit nichts am Leib als einer Schürze, einem Handtuch oder seinem Jackett … einfach nur einem »kleinen Nichts«. Du verstehst schon.

💜 Aus Rosenblättern, Kerzen, ausgeschnittenen Herzen oder Konfetti legst du eine Spur zum Schlafzimmer.

💜 Schicke ihm eine »Komm jetzt nach Hause, Liebster!«-Nachricht auf sein Mobiltelefon.

💜 Verstecke einen Hotelzimmerschlüssel in seiner Tasche oder seinem Jackett, befestige ihn an sein Telefon oder lege ihn in das Handschuhfach seines Wagens und klebe eine Notiz an das Lenkrad: »Schau mal ins Handschuhfach!«

💜 Verpacke einen sexy Gegenstand als Geschenk und lege das Päckchen so hin, dass er es gleich findet, wenn er ins Auto steigt.

Ausdrucksstark

Du wirst eine Frau, die auf eloquente, anschauliche, lebendige, bewegende und geschmackvolle Weise ihre Meinung stichhaltig ausdrücken kann.

Wir wollen dir ein Geheimnis anvertrauen. Es ist ein Geheimnis, das dein Mann vermutlich nicht in Worte fassen wird: Die meisten Männer können ihre tiefsten Hoffnungen, Ängste, Frustrationen, Schmerzen und Anspannungen ausschließlich mit der Ehefrau teilen. Wenn du eine Frau bist, die selbst ausdrucksstark ist (also ihrerseits nicht mit ihrem Innersten hinter dem Berg hält), wird er sich mit seinen Emotionen weniger alleingelassen fühlen.

In 1. Mose 2,18 heißt es: *Es ist nicht gut, dass der Mensch allein sei; ich will ihm eine Gehilfin machen, die um ihn sei.*

Der Begriff *allein* steht hier für »isoliert, ausgegrenzt, in dauerhafter Einsamkeit«.

Indem du deinem Ehemann deine Liebe mitteilst, verschaffst du ihm einen sicheren Hafen. Du kannst dir das so vorstellen, wie man es von Zeugenschutzprogrammen kennt. Man würde dir einen geheimen Ort, ein sicheres Haus zuweisen, wenn du eine gefährdete Zeugin wärest. Genau so stellt ein einfühlsames, ausdrucksstarkes und liebendes Herz einen sicheren Ort für deinen Ehemann dar. Les und Leslie Parrott stellen in ihrem Buch *Trading Places* einen simplen Weg zur Empathie vor:

- ♥ Ich bemerke dich,

- ♥ ich empfinde mit dir

- ♥ und daher handle ich, um dir zu helfen.[6]

Ein »Ehrentagebuch« kann dir helfen, dein Herz weich zu erhalten, damit sich dein Ehemann sicher fühlt. Dr. Gary Smalley erklärt: »Wenn du eine sichere Umgebung schaffen willst, in der gesunde Beziehungen wachsen können, dann fange mit den Menschen an, die dir am nächsten sind. Betrachte sie als Individuen, die Gott erschaffen hat … stell dir vor, dass du ihnen Beifall klatschst. Oder, auch das ist eine praktische Möglichkeit, den Wert des Einzelnen zu erkennen, stelle eine

Liste all der guten Eigenschaften auf, die diese Person auszeichnen. Ich habe mehrere solcher Listen in meinem sogenannten Ehrentagebuch. Wenn ich jemanden so sehe, wie Gott ihn sieht [...], dann verändert sich meine Perspektive.«[7]

Besorge dir ein persönliches Tagebuch und klebe ein Foto von deinem Mann und dir hinein. Schreibe eine Liste von A bis Z, warum du für diesen Mann dankbar bist. Lies ihm die Liste laut vor.

Tipps für das Liebesleben

Dein Mann möchte, dass sein Körper berührt wird, aber er möchte auch, dass du mit deiner Fürsorge und Güte sein Herz, seinen Geist und sein Leben berührst. Geh aus dir heraus und drücke deine Liebe aus.

Suche nach dem, was er liebt. Wenn du willst, dass dein Mann sich dir öffnet, dann musst du lieben, was er liebt. Erlebt das, was ihm Freude macht, Seite an Seite. Das allgegenwärtige, zweitwichtigste Bedürfnis eines Ehemannes ist laut Dr. William Harley gemeinsame Freizeit und Erholung[8]. In seinem Buch *Real Marriages* gibt Mark Driscoll diesen Rat: »Es kann ein großes Geschenk sein, wenn du mit einer gemeinsamen Unter-

nehmung in die Welt deines Mannes eintauchst, zum
Beispiel ein Mannschafts-Trikot anziehst, mit ihm das
Fußballspiel besuchst und einen Hotdog isst. Vielleicht
ist das Essen eines Hotdogs im Stadion für ihn genau
die richtige Sprache der Liebe!«[9]

Schreibe dir drei oder vier Dinge auf, die dein
Ehemann liebt. Und dann bitte Gott, dass er dir hilft,
Wege zu finden, wie du deinem Mann zeigen kannst,
dass auch du zu schätzen weißt, was ihm besonders
wichtig ist.

1. _____

   _____

2. _____

   _____

3. _____

   _____

4. _____

   _____

Berühre seinen Körper. Du kannst deinen Mann emotional öffnen, indem du ihn körperlich berührst. Wir raten Ehepaaren: »Wenn du einem Mann deinen Körper

schenkst, wird er dir sein Herz anvertrauen. Wenn du einer Frau dein Herz schenkst, wird sie dir ihren Körper anvertrauen.« Sex reduziert seinen Stress, aber auch kleine körperliche Gesten können seine Anspannung lindern und es ihm ermöglichen, dich an seiner Welt teilhaben zu lassen. Massiere seine Schultern, halte seine Hand, lege deinen Arm um ihn oder deine Hand in seine, wenn er mit dir spricht. Lehne dich an seine Schulter und massiere sanft seine Brust oder lass deine Finger darüber wandern. Mache ihm verbale Komplimente, die du durch einen festen Schulterdruck bekräftigst, wende dich ihm zu und halte ihn an den Oberarmen. Geh Arm in Arm mit ihm spazieren, schmiege dich von hinten an ihn und umarme dabei seine Schultern oder seinen Nacken. Wenn wir körperliche Nähe empfinden, setzt unser Körper Oxytocin frei. Oxytocin reduziert unsere Ängste und erhöht unser Vertrauen.[10]

Dr. David Schnarch rät Paaren in seinem Buch *Passionate Marriage*, einander zu umarmen, bis beide Partner entspannt sind.[11] Dr. Gary und Barbara Rosberg erläutern, dass Sex Männern hilft, mit ihrem Leben besser zurecht zu kommen: »Männer lösen häufig Probleme beim Sex mit ihren Frauen.«[12]

Berühre sein Herz. Höre deinem Mann zu. Versuche es mit der folgenden Methode:

♥ **A**chtsamkeit – unterbrich deine Tätigkeit und wende dich deinem Partner zu.

♥ **B**eachte, dass die Körpersprache das gleiche sagt wie deine Worte.

♥ **A**ufhänger deiner Antwort sollte ein Schlüsselwort aus seinen Gedanken sein.

♥ **B**leib ruhig, nimm Kommentare nicht persönlich.

♥ **A**ktion und Worte – liebende Antworten beinhalten beides.

♥ **B**estätigende Gefühle sollte deine Antwort vermitteln und erzeugen, keine negativen.

Der Bestseller-Autor Stephen Covey stellt fest: »Die meisten Menschen hören nicht mit der Absicht zu, etwas zu verstehen, sondern mit der Absicht, eine Antwort zu geben.«[13] Sei eine Zuhörerin mit offenem Herzen. Welche Berührung braucht dein Mann heute ganz besonders? Was wirst du tun, um ihm zu helfen?

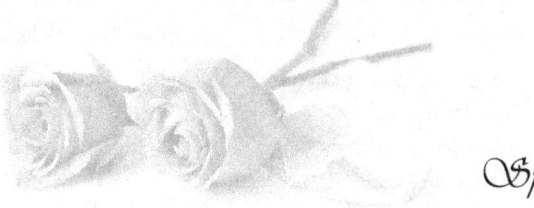

*Du wirst eine Frau, die für Vergnügen, Unterhaltung,
Ausbrüche aus dem Alltag, Genuss, Erholung und
Gelächter sorgen kann, die verspielt, reizend, komisch
und abenteuerlustig ist, die scherzt, tobt, ausgelassen
ist, Spaß machen kann und auch mal über die Stränge
schlägt.*

Die Komikerin Kerri Pomarolli erzählt, wie Gott in ihrer Ehe ein Fundament der Freude gelegt hat: »Am Tag
meiner Hochzeit hat sich wohl am deutlichsten gezeigt,
wie sehr Gott mich liebt. […] Um 1 Uhr morgens sind
wir total erschöpft von dem Tag auf dem Weg zurück in
unser Hotel. Wir kichern wie kleine Kinder. Schließlich
gehen wir die Treppe zu unserem Zimmer hinauf. Nun
beginnt also ein neues Kapitel – ich teile mein Bett
künftig nicht mehr mit Winnie, dem Teddybär. Doch
plötzlich und völlig unerwartet werde ich nervös …
kurz zuvor hatte ich noch vor meinen Freundinnen da-

mit angegeben, dass die leidenschaftliche, wilde Italienerin in mir endlich losgelassen wird – und nun fühle ich mich alles andere als wild.

Wir öffnen die Tür und ich bin überwältigt von dem Anblick: Das Zimmer ist mit Rosenblättern überflutet und von Kerzen erleuchtet. Ein warmes Bad, ebenfalls mit Rosenblättern in der Wanne, ist vorbereitet. […] alles ist viel romantischer, als ich es mir je hätte erträumen können.

Ich hatte stundenlang das perfekte und exquisiteste Kleidungsstück für diese Nacht ausgesucht und vorbereitet. Jetzt bin ich absolut überzeugt davon, dass ich in dem schimmernden Seidennachthemd mit den winzigen, mit Perlen versehenen Trägern hinreißend aussehen werde. Ich habe genau das richtige gefunden und mitgebracht. Ron verschwindet in Richtung Badezimmer, um ›in etwas Bequemeres zu schlüpfen.‹

Ich schlüpfe also schnell in mein Nachthemd und bin gespannt, welches sexy und mit Sorgfalt ausgesuchte Nachtgewand sich wohl mein frisch angetrauter Ehemann mitgebracht hat. Ich probiere verschiedene Posen auf dem rosenblätterübersäten Bett aus, so ziemlich alles, was ich an verführerischen Haltungen von Models gesehen hatte. Manche der sexy Posen fühlen sich an wie schlecht gelungene Gymnastikübungen.

Schließlich geht die Tür auf und mein Ehemann erscheint: Ein breites Lächeln auf seinem Gesicht – in knallgelben, ausgeleierten Trainingshosen und einem übergroßen T-Shirt, auf dem eine Gummiente und der Spruch *Don't worry, be happy!* prangen. Er sieht mich, schaut an sich herab und murmelt auf seine einzigartige, charmante Art: *Oh oh!* Dann fängt er an zu singen: *Do doo doo doo, doo doo doo doo … don't worry, be happy …* Und genau das haben wir dann auch getan!«

Ein fröhliches Herz tut dem Leibe wohl. (Sprüche 17,22)

Bill meint: »Manchmal, wenn wir Sex haben, denken wir, dass das Leben nicht schöner sein könnte. Manchmal denken wir beim Sex auch: Hmmm, das war jetzt etwas unbeholfen oder linkisch. Wenn das passiert, lacht darüber und freut euch weiter aneinander!«

Tipps für das Liebesleben

In dem Buch *Kiss Me Like You Mean It* ermutigt der Autor Dave Clarke: »Die Leistung selbst sollte nie im Mittelpunkt der Aufmerksamkeit stehen. Wichtig sind vielmehr Spaß, Lachen, Chemie und sexuelle Lust, die während des Liebesaktes entstehen [...] Liebe heißt Spaß haben; die Liebe ist eine Feuersbrunst!«[14]

Es gibt den Hochzeitsbrauch *something old, something new, something borrowed, and something blue* – es soll Glück verheißen, wenn die Braut Dinge mit sich führt oder anhat, die den Kriterien »alt«, »neu«, »geliehen« und »blau« entsprechen. Diese Idee kannst du auf dein Liebesleben übertragen:

💜 *Etwas Altes.* »Mein Mann und ich haben auf verschiedene Steine mit Lackstiften unsere Namen geschrieben. Diese versteckten wir an verschiedenen für uns bedeutungsvollen Orten und haben dann eine Schatzkarte gezeichnet. Inzwischen sind wir umgezogen. Wir haben vor, eines Tages eine Reise in die Vergangenheit zu unternehmen und zu sehen, wie viele von den Steinen wir dann finden werden.« »Wir versuchen, an jedem Ort, den wir besuchen, einen herzförmigen Stein zu finden. Auf dem Nachttisch steht ein Krug, in dem diese Steine gesammelt werden. Jeder einzelne erinnert uns an fröhliche Tage, die wir gemeinsam erlebt haben.« (Wie wäre es mit der Idee einer Steinmassage?)

💜 *Etwas Neues.* Einer alten Ausrede eine neue Bedeutung zu geben ist eine Idee von Tricia Goyer, Autorin von *Generation NeXt Marriage*: »Das vorgetäuschte Kopfweh habe ich um meines Mannes willen neu erfunden. Da unsere Kinder schon größer sind, geht das ungefähr so: Es war ein langer Tag, ich bin total erledigt. Ich glaube, Papa und ich gehen jetzt lieber schlafen.«

💜 *Etwas Geliehenes.* Sheila Gregoire fügt in *Good Girls Guide to Great Sex* den altbekannten Glückskeksen eine unerwartete Wendung hinzu. Du liest den Text, aber du fügst die Worte *im Bett* hinzu. Hier sind ein paar Beispiele der lustigen Art: »Du wirst viel Lob und Anerkennung für deine harte Arbeit ernten – im Bett.« »Etwas Ungewöhnliches wird dir geschehen bei der Arbeit oder in der Schule – oder im Bett.« »Du bist leistungsfähig und kannst dich verschiedenen Umständen schnell anpassen – im Bett.«

💜 *Etwas Blaues.* Vergiss das Blau – mache lieber Rot daraus! Männer finden Frauen besonders sexy und attraktiv, wenn sie etwas Rotes tra-

gen.[15] Also besorge dir ein neues rotes Nachthemd, einen roten Pullunder oder einen roten
Badeanzug. Warum eigentlich nicht jeden Tag
etwas Rotes tragen?

> *Du entwickelst einen erfolgreichen Charakter: tauglich,*
> *ehrbar, gesund, kompetent, glaubwürdig, anerkennens-*
> *wert, fundiert, weise und ausgestattet mit einem gesun-*
> *den Menschenverstand.*

»Gut« heißt im Sanskrit *gadhy,* was mit »woran man sich
festhält«[16] übersetzt werden könnte. Wenn ein Mann
eine »gute« Frau findet, dann will er sie festhalten und
er hofft und betet, dass auch sie ihn festhält.

In Sprüche 18,22 erklärt der Autor: *Wer eine Ehefrau*
gefunden hat, der hat etwas Gutes gefunden und Wohlgefallen
erlangt vom HERRN. Inwiefern er etwas Gutes gefunden hat, wird in der Schöpfungsgeschichte deutlich.
Nachdem Gott Adam erschaffen hatte, sagte er: *Es*
ist nicht gut, dass der Mensch allein sei. (1. Mose 2,18) Also
schuf Gott anschließend Eva als Helferin, die genau zu
Adam passte. Nun waren beide erschaffen worden *und*
Gott sah an alles, was er gemacht hatte, und siehe, es war sehr

gut. (1. Mose 1,31) Das Wort, das hier mit »gut« übersetzt wurde, heißt im Hebräischen *tôb*, was die Bedeutung von »wunderschön« oder »arbeitsfähig« (im Sinne
von funktionstüchtig) nach dem Willen Gottes« hat.
Wenn wir Frauen also auf die Weise »funktionieren«,
wie Gott uns erschaffen hat, nämlich ausgewogen, als
ganze Person und in allen wichtigen Lebensbereichen
gesund, dann helfen auch wir unseren Ehemännern
und Familien, im Einklang mit Gottes Willen und bewusst zu leben.

Stelle dir das Leben als Rad an einem Fahrrad vor.
Jede Speiche hilft mit, den Reifen am richtigen Platz
zu halten, damit er glatt abrollen kann. Wenn auch nur
ein paar Speichen brechen, bekommt das Rad eine Un-
wucht, und irgendwann kann der ganze Reifen nicht
mehr rollen. Wir kennen beispielsweise mehrere Paare,
deren Ehe zerbrach, weil die Haushaltsführung man-
gelhaft war.

Es ist schwer, sich in einem Bett zu lieben, das man
vor lauter Unordnung kaum finden kann. Kleinigkeiten
spielen eine große Rolle! Warum fragst du deinen Le-
benspartner nicht einfach einmal danach? »In welchem
konkreten Bereich könnte ich die größte positive Veränderung in unserem gemeinsamen Leben und unserer
Ehe bewirken?«

In meiner Ehe mit Bill waren mein mangelndes kulinarisches Interesse und meine Neigung, spontan Geld auszugeben, die größten Spannungsquellen. Als Bill und ich überlegten, wie man etwas daran ändern könnte, dass ich nicht in der Lage war, über meine Einkäufe regelmäßig und zuverlässig Buch zu führen und daher nie wusste, wo das Geld geblieben war, gelang die Lösung des Konfliktes ganz einfach: Bill bestellte Schecks mit Durchschlag.

Was das Kochen betrifft: Als unsere Söhne noch zu Hause lebten, reisten Bill und ich zur Feier unseres 15ten Hochzeitstages nach Hawaii. Unser ältester Sohn war damals Oberschüler; er schwärmte und schwärmte anschließend endlos von den Kochkünsten seiner Tante, bei der die Kinder während unserer Reise untergebracht waren.

Meine Schwester meinte eines Tages zu ihm: »Das Essen bei mir kann doch nicht so viel besser sein als das, was deine Mama zu Hause kocht!« Darauf antwortete er: »Was nicht in einer Schachtel verpackt in der Mikrowelle landen kann, kommt bei uns nicht in die Küche.« Dieser Kommentar hat meine Motivation nachhaltig verändert. Ich musste noch eine Menge lernen, aber heute freut sich Bill, dass damals meine innere Chefköchin freigesetzt wurde.

Bills Schwäche liegt darin, dass er sich so auf Menschen konzentrieren kann, dass er in ein Gespräch vertieft keinen Blick mehr auf die Uhr wirft und sich dann verspätet. Wenn ihm das passiert, hält er auf dem Weg nach Hause an einem Blumenladen an und kauft mir einen schönen, nicht zu teuren Strauß. Er hofft, dass er damit meine Gunst zurückkaufen kann – und das gelingt ihm tatsächlich.

Es ist unerlässlich, dass wir unsere Schwachstellen ins Auge fassen und versuchen, sie in den Griff zu bekommen. Wenn wir zum Ausdruck bringen, dass wir eine Verbesserung anstreben, wird sich wahrscheinlich der Ehepartner ebenfalls ändern wollen. Eine Ehefrau erzählte uns folgendes Beispiel: »Wir waren umgezogen, und es mussten etliche Kartons in den Keller geräumt werden. Die Kinder waren schon im Bett. Um meinen Mann zu motivieren und das ganze etwas zu beschleunigen, »verlor« ich für jede im Keller verstaute Schachtel ein Kleidungsstück. So schnell hatte er noch nie Kartons transportiert! Selbstverständlich folgte dann horizontale Gemeinsamkeit!«

Frage ihn: »Schatz, an welchen Zielen in jedem unserer Lebensbereiche sollte ich deiner Meinung nach im nächsten Jahr vorrangig arbeiten?« Hier sind mögliche Lebensbereiche zu dieser Frage:

♥ Körperlich:

♥ Beziehungsbezogen:

♥ Finanziell:

♥ Beruflich:

♥ Sexuell:

♥ Hauswirtschaftlich:

♥ Womit sollte ich anfangen?

♥ Und auf welchem Gebiet liegen deiner Meinung nach meine Stärken?

Habe keine Angst vor diesem Gespräch mit deinem Partner. Dr. John Gottman hat entdeckt, dass die Paare mit der stärksten Leidenschaft im Sexleben gleichzeitig die lebhaftesten auch in anderen Lebensbereichen waren[17]. Sie bringen mehr negative *und* mehr positive Emotionen zum Ausdruck[18].

Tipps für das Liebesleben

Ein paar Ideen, mit denen du die verschiedenen Lebensbereiche im Schlafzimmer zusammenführen kannst.

„Innenpolitisch": Putze das Schlafzimmer heraus. Besorge neue Bettwäsche. Tipps für einen romantischen Dekorationsstil gibt es in unserem Buch *Red-Hot Monogamy.* Um das Schlafzimmer zu einem Heiligtum der Liebe zu machen und zu erhalten, musst du Kreativität und Energie investieren.

Finanziell: Gib deinem Mann seinen persönlichen *Dollar Dance.* (Dies ist ein Brauch in manchen Ländern, hauptsächlich bei Hochzeiten: Die männlichen Gäste bezahlen dafür, kurz mit der Braut tanzen zu dürfen.)

Körperlich: Geh mit ihm in dein liebstes Sportgeschäft. Dort probierst du verschiedene Ausstattungen an und kaufst dann die, die ihm am besten gefällt. Zu Hause bittest du ihn dann, seine Lieblingsathletin – nämlich dich – zu entkleiden. Eine Ehefrau erzählte: »Mein Mann liebt das Fahrrad, daher habe ich für uns eine Reise mit den Rädern von Frühstückspension zu Frühstückspension geplant.«

Beziehungsbezogen: Lass eine Trophäe, ein T-Shirt oder ein Zeitschriftentitelbild mit dem Bild deines Mannes anfertigen, mit der Schlagzeile *Der beste ... der Welt!* (Die ... füllst du natürlich selbst passend aus.)

Sexuell: Spielt mit einem normalen Kartenspiel Mau Mau. Wer den Stapel gewinnt, darf jeweils entscheiden, wer von euch beiden ein Kleidungsstück ablegt.

Beruflich: Du kannst deinem Mann kleine Liebesbotschaften zu seinem Frühstück in die Brotdose verstecken. In den Nachrichten machst du deutlich, dass du ihn nach der Arbeit zum Vernaschen einlädst.

Bescheiden

> Du wirst eine Frau, die nicht stolz, hochmütig oder
> arrogant ist, sondern anspruchslos, sittsam, bodenstän-
> dig, bescheiden und nicht anmaßend.

Wenn wir unsere Augen und Energie auf andere Menschen richten – dann haben wir den Schlüssel zur
Bescheidenheit verstanden und in Besitz genommen.
Weisheit ist bei den Demütigen. (Sprüche 11,2) *Der Demütige
wird Ehre empfangen.* (Sprüche 29,23) *Wer sich selbst ernied-
rigt, der soll erhöht werden.* (Lukas 14,11)

Wenn eine Frau sich zutreffend einzuschätzen
weiß, also ihren Wert kennt, braucht sie nicht ständig
im Mittelpunkt des Interesses zu stehen. Wenn es uns
nicht ständig um uns selbst geht, sind wir in der Lage,
unseren Männern mehr Aufmerksamkeit zu widmen.
Die Psychologin und Autorin des Buches *Finding the
Hero in Your Husband,* Juli Slattery, sagte in einem Interview: »Gott hat den Mann so geschaffen, dass es einer

guten Frau bedarf, um den Helden in ihm zum Vorschein zu bringen.«[19]

Tipps für das Liebesleben

Bring den Helden in deinem Mann zum Vorschein. Befriedige ihn sexuell. Dr. Kevin Leman schrieb: »Ein sexuell erfüllter Ehemann wird sich wohl fühlen. Wie unser Mannsein gelingt, hängst zum großen Teil davon ab, wie unsere Frauen sexuell auf uns reagieren. [...] Jeder gesunde Mann möchte der Held seiner Frau sein.«[20]

Wenn dein Mann erotische Erfüllung erlebt, dann wird er alles für dich tun. Es motiviert deinen Mann, wenn du ihn sexuell befriedigst. Sprich über seinen Wert. Deine Worte sind das *Shazam!*, das aus einem normalen Mann einen Captain Marvel macht. Mein Kosename für Bill ist »Supermann«. Eines Tages fragte ich ihn: »Was bringt dich dazu, dass du dich wie ein Held fühlst?« Er antwortete: »Pam, wenn du damit angibst, dass ich alles reparieren kann. Wenn du anderen erklärst: Mein Mann ist mein Held! Wenn du sagst, dass dein Leben ohne deinen Bill nicht gelingen würde ... dann fühle ich mich großartig.«

Trage mit deinem Mann seine Lasten. Bill fügte seiner Antwort noch hinzu: »Und ich liebe es, wenn du über meine Witze lachst.« Wenn du mit deinem Helden flirtest, über seine Scherze kicherst, ihn liebevoll in die Arme nimmst, wenn er schweißgebadet eine schwere Arbeit beendet hat, ihn lüstern küsst, obwohl er von der Gartenarbeit voller Lehm und Erde ist, wenn du das Schmieröl unter seinen Fingernägeln als Aphrodisiakum (Liebesmittel) betrachtest und dich zu ihm unter die Dusche gesellst … dann wird er auch am nächsten Tag wieder dein Held sein.

Du wirst eine Frau, die das Interesse ihres Mannes fesseln kann, weil sie erstaunlich, verblüffend, atemberaubend, hinreißend, bezaubernd, spannend, aufregend, berauschend, faszinierend, fesselnd, stimulierend, begeisternd und voller Überraschungen ist.

Eine Zuhörerin erzählte uns einmal von dieser kreativen Idee: »Am Valentinstag ließ ich eine Karte für meinen Mann so auf der Anrichte liegen, dass er sie mittags finden musste. Ich hatte ihm eine Adresse aufgeschrieben und dazu notiert, dass er sich um 16 Uhr dort einfinden und einen Anzug zum Wechseln für später mitbringen sollte. Als er zum Termin erschien, stellte er fest, dass für ihn eine Massage gebucht war. Ich schickte ihm, während er massiert wurde, eine Textnachricht auf sein Telefon, wohin er – mit dem Anzug bekleidet – als nächstes gehen sollte. Der Empfangschef des Restaurants am Ziel erklärte ihm zur Begrüßung, dass eine heiße Blondine auf ihn wartete. Ich saß bereits in der Nische, fein herausgeputzt. Die Rechnung für das Abendessen übernahm selbstverständlich ich. Ihm hat das geheimnisvolle Abenteuer jedenfalls Spaß gemacht!«

Dein Born sei gesegnet, und freue dich der Frau deiner Jugend. [...] Lass dich von ihrer Anmut allezeit sättigen und ergötze dich allewege an ihrer Liebe. (Sprüche 5,18–19)

Geheimnis! Ränkespiel! Dave Clark, ein preisgekrönter Komponist und Sprecher zum Thema Kreativität, hat geschrieben: »Manchmal geht es in der Liebe eher darum, ob man bereit ist, einige Verhaltensmuster zu durchbrechen. Ich suche ständig nach neuen Möglichkeiten, gegen den Strom unterwegs zu sein. Was mir dabei spontan einfällt, sind Verkleidungen in extravaganten Kleidern und ein Abendessen in Etappen, von einem Fast Food Restaurant zum nächsten: Salat bei Arby's, Pommes Frites bei McDonalds, Hähnchen-Sandwich bei Wendy's. Es geht dabei gar nicht um das Essen, sondern die Romanze ist das Abenteuer. Wenn du besonders schick angezogen bist, fragen sich die Leute, was du eigentlich vorhast.«

Nimm etwas ganz Simples und mache daraus etwas zum Staunen!

Tipps für das Liebesleben

Sexy Verabredungen müssen nicht zur Ebbe in der Familienkasse führen. Auf unserer Webseite findest du einen Artikel mit dem Titel *Recession Romance*, in dem Ideen für die Liebe zu finden sind, die nichts oder fast nichts kosten. Dr. Douglas Rosenau sagt: »Sex besteht zu 80 Prozent aus Vorstellungskraft und zu 20 Prozent aus Reibung.«[21] Hier sind ein paar hausgemachte Ideen für die Liebe:

Das ist kein begehbarer Schrank, das ist ein Beduinenzelt. Mit Bettwäsche und Lichterketten kleidest du deinen begehbaren Schrank aus. Aus Sofakissen und Polstern kreierst du dann ein Beduinen-Liebesnest. Später wird dein Mann jedes Mal, wenn er den Schrank öffnet, an dich denken!

Das ist kein Gartenschlauch, das ist eine Dusche im Freien! Du schickst die Kinder zu den Großeltern und verhängst die Sicht mit Bettlaken oder stellst große Zimmerpflanzen als Sichtschutz auf. Dann genießt ihr euren »Wasserfall« im Garten.

Das ist keine Dusche, das ist eine Fotokabine. Nehmt ein paar lustige Requisiten mit in die Duschkabine und macht eure Küsschen-Schnappschüsse. Das kann eine Boa sein, Sonnenbrillen, Hüte … achte darauf, dass die Fotos jugendfrei sind, falls du die Kamera irgendwo liegen lässt, wo die Kinder sie finden könnten.

Das ist kein Esszimmer, das ist ein 5-Sterne-Restaurant. Du kochst zu Hause, aber du verfeinerst den Genuss der Mahlzeit mit weißem Leinentischtuch, Kerzen und gedämpfter Musik. Wenn das Geschirr abgeräumt ist, liebt ihr euch auf dem Tisch. Du wirst zukünftig eine ganze Weile sein verschmitztes Lächeln sehen, sobald die Familie sich zum Essen an diesen Tisch setzt.

Das ist kein Garten, das ist ein Zeltplatz in den Bergen! Du stellst das Zelt auf, legst nur *einen* Schlafsack bereit und dann wird gekuschelt.

Das ist kein Klavier, das ist ein heißer Stuhl! Setze dich verführerisch in einem roten Kleid an das Instrument und bring deinem Mann ein Ständchen. Die glatte Fläche

des Klavierlacks auf der nackten Haut kann anschließend eine ganz eigene »Musik« erzeugen.

*Das ist kein Holzkohlegrill, das ist ein romantischer Lavasee-
krater!* Entferne die Beine vom Grill und lege ein paar
S'mores auf, während ihr euch neben der Kohlenglut
küsst. (S'mores ist eine traditionelle US-Camping-
Spezialität: Marshmellow gegrillt auf einer Schokola-
descheibe zwischen zwei Keksen als Sandwich. Hier-
zulande sind sicher andere Grillspezialitäten genauso
geeignet. Anm. Übersetzer)

Das ist keine Garage, das ist ein Drive-In Kino! Macht es
euch auf dem Rücksitz gemütlich, während auf dem
Notebookbildschirm vorne auf dem Armaturenbrett
ein romantischer Film läuft. Die Scheiben dürfen ruhig
beschlagen.

*Das ist keine Veranda, das ist das Deck eines Kreuzfahrtschif-
fes!* Du wickelst Lichterketten um die Stützen der Mar-
kise, stellst ein paar Gartenfackeln auf und lässt Kerzen
im Pool schwimmen – selbst wenn es nur ein Kinder-
planschbecken ist. Tanzt bis zum Morgengrauen.

Meine Schwiegereltern kamen für drei Wochen zu Besuch. Obwohl sie wunderbare Menschen sind, sehnten mein Mann und ich uns nach zwei Wochen sehr nach ein paar Stunden zu zweit. Ich schlug vor: »Schatz, warum fährst du mich heute nicht zur Arbeit? Wenn du mich dann nach dem Feierabend abholst, können wir eine Weile ›parken‹, bevor wir nach Hause fahren.« Ich hatte um 21:00 Uhr Feierabend – die Kinder waren also schon im Bett. Wir haben ein Grundstück von acht Quadratkilometern um unser Haus. Den ganzen Tag hatten wir uns schon auf das ›Parken‹ gefreut – und wir genossen jene Nacht!«

Fröhlich

Du wirst eine Frau, die Frohsinn, Freude und Vergnü-
gen verbreitet, weil sie rosig, fröhlich, zufrieden, befrie-
digt, hocherfreut, heiter, unbeschwert, sonnig, ermutigt,
euphorisch, erregt, überschäumend, freudestrahlend und
begeistert ist.

Bist du angefüllt mit positiven Gefühlen? Der Dokumentation *Happy*[22] zufolge haben wir alle einen »Nennwert der Freude« in unserer DNA. Dieser Nennwert ist
zu rund 50 Prozent dafür verantwortlich, wie glücklich
wir sind. Dinge wie Geld, Status und Erfolg, die man
oft zu seinem Glück zu brauchen meint, wirken nur zu
etwa 10 Prozent. Die übrigen circa 40 Prozent hängen
von unseren Aktivitäten und Entscheidungen ab.

Einige Unternehmungen, mit denen Glückssamen
gesät werden, sind sportliche Aktivitäten, durch die
Dopamine freigesetzt werden. Aerobic gehört zu den
besten Quellen des Glücksgefühls. Auch Abwechslung

tut gut, Dinge einfach mal etwas anders tun als gewohnt, an unbekannte Orte reisen, neue Bekanntschaften schließen, ein neues Buch lesen; und für das heiße Liebesleben den Ort, die Position oder die Reihenfolge beim Sex ändern. Auch *Flow* (der Begriff bezeichnet einen Zustand des Glücksgefühls, in den Menschen geraten, wenn sie gänzlich in einer Beschäftigung »aufgehen«, so dass das Zeitgefühl verloren geht) gehört zu den Glückssamen, genauso wie eine feste und belastbare Beziehung, persönliches Weiterkommen, Teilen mit anderen sowie ein tägliches Besinnen auf bereits empfangenen Segen.

Wenn du glücklich bist, wird auch deinem Mann das Glücklichsein leichter fallen. Glück bedarf einer Entscheidung.

Vor einer sehr schwierigen Lebensphase war in unserer Ehe alles bestens: wir hatten eine intakte Beziehung, unsere Kinder trafen kluge Entscheidungen, wir waren beruflich erfolgreich. Dann kamen die Angriffe: Bill fühlte sich nicht wohl, sein Blutdruck war unberechenbar hoch. Er hatte Schmerzen und konnte sich kaum konzentrieren. Da sein Vater einen Gehirnschlag mit bleibenden Folgeschäden gehabt hatte und sein Großvater mit Mitte 40 an einem Gehirnschlag verstorben war, war Bill besonders auf der Hut.

Schließlich trat er von seinem Pastorat zurück und wir richteten unsere Tätigkeit ausschließlich auf das Schreiben und begleitende Vorträge aus. Der Übergang in das neue Berufsleben war schwierig; ich hatte Bill nie zuvor so entmutigt erlebt. Ich wusste, dass Gott mich berufen hatte, Bills Herz »mitzutragen«.

Ich nahm mir extra Zeit, um Bill zuzuhören, während er seine Gefühle aufarbeitete. Ich fand Bibelverse als Ermutigung und betete diese Verse über ihm. Ich suchte nach Möglichkeiten, wie er Zeit mit seinen Freunden verbringen und seine Hobbys pflegen konnte. Mit Humor und Sport setzten wir Endorphine frei. Wir dienten weiter anderen Menschen als Beziehungsberater, weil Bill daraus Kraft schöpft, wenn er anderen helfen kann. Ich druckte Verse aus, die von der Gunst Gottes handeln, von seiner Güte und Größe sprechen. Ich suchte mit Herz und Seele nach Gottes Weisheit. Wenn mich jemand fragte: »Wie geht es dir?«, dann lautete meine Antwort: »Ich entscheide mich für Freude, *denn die Freude am HERRN ist eure Stärke!*« (Nehemia 8,10). Gott gab mir Kraft, damit ich meinem Ehemann Kraft geben konnte. Ich fragte meine Familie täglich: Wer hat eine »Postkarte der Liebe Gottes«, also einen besonderen Impuls ins Herz bekommen? Wir jagten der Freude nach – und wir fanden sie. Bill und ich wuchsen zusammen, wurden stärker und intimer miteinander.

Drei Prinzipien, die ich täglich für Bill betete, stammen aus dem Buch Hiob. *Und der HERR wandte das Geschick Hiobs [...] und der HERR gab Hiob doppelt so viel, wie er gehabt hatte. [...] Und der HERR segnete Hiob fortan mehr als einst.* (Hiob 42,10;12) Ich betete darum, dass Gott die Lebenszeit und den Einfluss von Bill verdoppeln möge.

Wir Frauen sind manchmal voller Angst und Sorge, wenn unsere Männer gesundheitlich bedroht werden. Der Arzt Ed Wheat erklärt in *Intended for Pleasure*, dass ein Mann körperlich zum Sex fähig ist, solange er ein Stockwerk die Treppe emporsteigen, zwei Straßenblocks zügig zu Fuß gehen oder am Straßenverkehr teilnehmen kann.[23] Bill war zu diesen Dingen in der Lage, so dass die leidenschaftlich entflammte Liebe im Schlafzimmer unsere Zuflucht werden konnte. Wir konzentrierten uns gemeinsam auf das, was wir hatten, anstatt auf das, was verloren gegangen war. Und wir freuten uns auf den zukünftigen Segen.

Gott hat seinen Segen für uns dann mehr als verdoppelt! Bills Gesundheit ist völlig wiederhergestellt. Er spricht weltweit vor großem Publikum, hat viele Bücher verfasst und genießt wundervolle Zeiten mit

unseren Kindern, deren Ehepartnern und unseren En-
kelkindern, die alle ihren fröhlichen »Papa« vergöttern.

Tipps für das Liebesleben

Ein Ich-bin-witziger!-Spaziergang. Wir gingen spazieren
und zitierten abwechselnd Witze, erzählten Wortspiele
oder Motivationssprüche und ermutigende Bibelverse.

Melodram-Verabredung. Mit Situationskomik konnten wir
Sorgen weglachen.

Alte Schule. Wir rezitierten aus alten Radio- oder Fern-
sehkomödien oder hörten unanstößige Unterhaltungs-
programme.

Improvisationstheater. Wir besuchten gerne jugendfreie
Improvisationstheatervorstellungen, und wenn das
Geld für die Eintrittskarten zu knapp bemessen war,
spielten wir unser eigenes erotisches Improvisationstheater: Jeder Partner schnappt sich eine Tüte und hat
fünf Minuten Zeit, überall im Haus skurrile, wilde,
ulkige oder verwirrende Gegenstände einzusammeln.
Danach trifft man sich wieder im Schlafzimmer und

tauscht die Tüten aus. Nun geht es darum, die Gegenstände auf möglichst kreative Weise in das Vorspiel zum Sex einzubauen.

Kinderspiel. Warum nicht mal eine Wasserschlacht mit Ballons oder Spritzpistolen wagen, Kitzelwettbewerbe, Trampolinsprünge (oder auf dem Bett hüpfen), die Schaukel auf dem Spielplatz ausprobieren, im Planschbecken herumtoben oder Gummitwist tanzen?

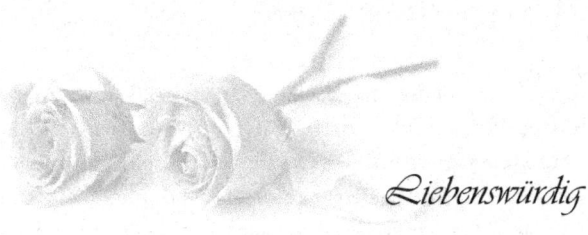

Liebenswürdig

> *Du wirst eine Frau, die freundlich ist, großzügig, mit-*
> *fühlend, verständnisvoll, wohltätig, menschlich, auf-*
> *merksam, vorausschauend, tolerant, verträglich, zärt-*
> *lich und sanft ist.*

Sharon Jaynes, Autorin von *Become the Woman of His Dreams*, beschreibt, wie sie erotische Zweisamkeit in Gang setzt: Wenn ich mit frischer Bettwäsche durch das Haus gehe oder Steve mir hilft, die Betten zu beziehen, dann schlage ich vor, dass wir gleich ausprobieren, ob die Bettwäsche noch »funktioniert«.

Als ich für ein Wochenende verreisen musste, versteckte ich vorher an strategischen Stellen rote Herzen, zum Beispiel in seiner Unterwäscheschublade, am Stiel seiner Zahnbürste, auf seinem Kopfkissen, am Lenkrad seines Autos.

Er rief mich jedes Mal an, wenn er eins gefunden hatte.

Zum Valentinstag bastelte ich ein großes, herzförmiges Pappschild mit der Aufschrift *Sharon liebt Steve* und stellte es so im Vorgarten seiner Zahnarztpraxis auf, dass er es vom Fenster aus sehen konnte.«

Sei liebenswürdig! Es ist so leicht, in eine negative Abwärtsspirale zu geraten. Rufe dir ins Gedächtnis, dass du ihn dir ausgesucht hast, und dass du dich selbst für dumm erklärst, wenn du ihn jetzt verunglimpfst. Lass es zu, dass die Liebe dich in eine verträgliche Frau verwandelt, die positive Worte redet.

Wenn du dich dabei erwischst, wie du sarkastische Gedanken denkst, dann halte inne und sage genau das Gegenteil dessen, was du gerade empfunden hast oder sagen wolltest. Wenn du beispielsweise dachtest …

♥ … *du bist so dumm!* – dann sage stattdessen: Du hast immer wieder die klügsten Ideen!

♥ … *du Trottel!* – dann sage stattdessen: Ich weiß, dass du eine kluge Entscheidung treffen wirst.

♥ … *spinnst du jetzt?* – dann sage stattdessen: Erzähle mir doch genauer, was du für eine Idee hast.

♥ … *was?!* – dann sage stattdessen: Ich wüsste gerne, was du davon hältst.

Verstehst du das Prinzip? In deinem Geist sagst du dir: Stopp! Wie sieht das Gegenteil meines negativen Gedankens aus? Wie kann ich daraus einen positiven Gedanken machen? Und dann tue es.

Überrasche deinen Mann mit deiner Liebenswürdigkeit. John und Anita Renfroe haben diese Art von Liebenswürdigkeit in ihrem Andachtsbuch für Paare *Duets: Still in the Word…Still in the Mood* eingefangen:

»Meine Taube in den Felsklüften, im Versteck der Felswand, zeige mir deine Gestalt, lass mich hören deine Stimme; denn deine Stimme ist süß, und deine Gestalt ist lieblich. (Hohelied 2,14) Sieh dir die Kraft in diesem Stelldichein an. Klingt das nicht einfach sexy? Zweifellos wusste dieses Paar, wie man die Liebe heiß und lebendig erhält. Sie entschwanden in ihr *Versteck der Felswand* … nichts bringt mehr Spannung ins Spiel als ein unerwartetes Liebeserlebnis an einem ungewohnten Ort … würde es vielleicht die Spannung und Freude in eurer Beziehung neu aufleben lassen, wenn ihr euch entscheidet, für einander Überraschungsrendezvous zu planen? Macht euch bereit für aufregende, heimlich vorbereitete Liebesbegegnungen!«[24]

Drücke deine Liebenswürdigkeit aus, indem du deinem Mann eine geheime Botschaft zukommen lässt, in der du ihn zu einem Rendezvous einlädst. Zum Beispiel eine Notiz in seinem Jackett, auf dem der Ort des geheimen Stelldichein steht, oder flüstere ihm die Einladung bei einer Versammlung ins Ohr, oder sende ihm eine Textnachricht, die nur er verstehen kann. Bereite einen besonderen Ausdruck deiner Wertschätzung vor, wenn er dann im *Versteck der Felswand* ankommt.

Tipps für das Liebesleben

Lasst uns dankbar sein. (Hebräer 12,28) Dankbar sein heißt auch, dass man zum Ausdruck bringt, was man empfindet. Suche dir eine Möglichkeit aus, deutlich danke zu sagen:

- ♥ Bringe in seinem Auto hundert bunte Haftnotiz-Zettel mit der Aufschrift *Ich liebe dich!* an.

- ♥ Stelle ihm seinen Lieblingskuchen mit einem *Danke*-Zettel auf den Tisch.

- ♥ Schreibe mit bunter Kreide *Danke, Ehemann!* auf die geteerte Einfahrt.

- ♥ Schreibe *Danke, dass du so bist!* innen auf seine Sonnenblende.

💜 Schreibe mit dem Finger *Danke, Liebling* auf den beschlagenen Spiegel, während er duscht.

💜 Auf ein Bettlaken sprühst du mit Lackfarbe *Danke, mein Schatz!* und hängst es vom Balkon oder an der Wäscheleine auf.

💜 Schicke ihm *Danke, dass du DU bist* auf sein Mobiltelefon.

💜 Bastle eine Papierkette, auf jedem Glied steht ein Grund, warum du für ihn dankbar bist. Hänge ihm die Kette über den Spiegel oder das Kopfende seines Bettes.

»Am 1. Februar fing ich an, jeden Tag ein kleines Herz auszuschneiden und darauf etwas zu notieren, das ich an meinem Mann bewunderte. Am 14. Februar (Valentinstag) schenkte ich ihm die Herzen.«

»Mein Mann kam eines Tages nach Hause und fand eine Spur aus Rosenblättern und Liebesnachrichten, die ihn zum Badezimmer leitete. Der Spiegel dort war mit Haftnotizen der Liebe vollgeklebt.«

Liebend

*Du wirst eine Frau, die herzlich, schwärmerisch, hin-
gegeben, fürsorglich, Anteil nehmend, aufmerksam,
verständnisvoll, versöhnlich, warm, amourös und ge-
fühlvoll ist.*

Dr. Kevin Leman schrieb in seinem Buch *Sheet Music*: »Wichtiger als die Größe deines Busens, wichtiger
als der Umfang deiner Taille, wichtiger als die Länge
deiner Beine ist deine innere Einstellung. Die meisten Männer würden eine Frau, die eher unscheinbar
ist, aber sexuelle Bereitschaft beweist, einer umwer-
fenden Schönheit vorziehen, die ihrem Mann wie ein
Eisblock begegnet.«[25] Wenn Frauen der Wunsch fehlt,
ihren Mann bezaubern zu wollen, schlage ich ihnen ein
Gebet vor: »Herr gib mir die Sehnsucht, dass ich mir
wünsche, meinen Mann zu verführen.« Gary and Barbara Rosberg, beschreiben in *The 5 Sex Needs of Men and
Women*, warum es für fast 61 Prozent der Männer ein

entscheidendes sexuelles Bedürfnis ist, dass die Frauen den Anstoß zum Sex geben. »Wenn eine Frau ihren Mann sexuell verführt, fühlt er sich wie der König der Welt.«[26]

Tipps für das Liebesleben

Arbeite daran, dass du eine »Ich bin bereit!-Haltung« entwickelst. In ihrem Buch *31 Days to a Happy Husband* fordert Arlene Pellicane Frauen heraus, sich einen Monat lang auf ihren Mann auszurichten. Sie erzählt, wie ein Einkauf ihr die Not vieler Frauen bewusst machte:

»Wir kamen zur Fleischtheke und sahen eine große elektronische Anzeige, auf der die Kunden aufgerufen wurden. Wir schauten uns um und fanden den Apparat für die Wartemarken. Dort stand zu lesen: Ziehen Sie eine Nummer.

Ich frage mich, ob sich Männer wohl so fühlen. Sex? Vergiss es. Die Kinder schlafen nicht und haben Schnupfen. *Zieh eine Nummer!*

Wir können doch nicht zusammen frühstücken, Mary hat mich zum Kaffee eingeladen. *Zieh eine Nummer!*

Die Frauengruppe der Gemeinde braucht mich für ein Dekorationsprojekt. *Zieh eine Nummer!*«

Früher hatte ein durchschnittliches Ehepaar zwei bis drei Mal pro Woche Sex, während heutzutage die Häufigkeit auf einmal pro Woche zurückgegangen ist.[27] Bei einem unserer Seminare erzählte einmal eine Frau: »Wenn Sie meinen Mann fragen würden, welches Geschenk von mir ihm das allerliebste war, dann würde er antworten, dass ich ihm zwei Wochen Sex, so oft er wollte, geschenkt habe. Ohne Ausreden meinerseits. Später sagte er mir, dass gar nicht der Sex das Beste daran war, obwohl er ihn sehr genossen hatte, sondern meine Bereitschaft, etwas für seine Bedürfnisse zu opfern.«

Suche dir eine dieser pikanten Aufgaben aus, um Sex zu initialisieren:

Hundert heiße Tage. Gary Stollman, ein Beziehungsexperte, sagt: »100 Tage lang Sex muss nicht unbedingt alle Probleme beseitigen, aber es ist eine großartige symbolische Art und Weise, wieder Energie in die Beziehung zu investieren.«[28]

Sechzig oder sieben Tage. Tony and Alisa Di Lorenzo schreiben in ihrem Buch *7 Days of Sex Challenge*: »Nach elf Jahren Ehe standen wir an einem Scheideweg. Wir waren beide noch da, aber wir kamen uns nicht aktiv näher. Also entschlossen wir uns, etwas zu unternehmen, was weit außerhalb des Gewohnten lag: 60 Tage Sex! Wir brauchten einfach einen Ausweg aus der Routine, in die wir geraten waren.«[29] Nach dieser ersten selbstauferlegten Aufgabe haben die beiden die Zeitspanne mit täglichem Sex auf sieben Tage reduziert; inzwischen haben sie sich noch vier Mal dieser verlockenden Herausforderung gestellt.

Zehn Prozent mehr. Dr. Gary and Barbara Rosberg schlagen Veränderung durch Steigerung vor: »Frauen, was würde wohl geschehen, wenn ihr sexuell zehn Prozent stärker auf eure Männer reagiert?«[30]

Weniger Fernsehen. Ein Fernsehgerät im Schlafzimmer raubt uns Intimität. Geht, statt den Fernseher einzuschalten, ins Bett und lest ein Kapitel aus Hohelied Salomos.

Geplante Verführung. Unser Buch *Red-Hot Monogamy* ist eine Anleitung, in acht Wochen die Temperatur hinter der Schlafzimmertür zu erhöhen. Mein (Pam) Buch *52 Ways to Wow Your Husband* enthält Vorschläge, wie du ein ganzes Jahr lang deinen Mann erotisch entflammen kannst. Sheila Wray Gregoire, Autorin von *The Good Girl's Guide to Great Sex*, hatte die Idee einer 29-Tage-Sex-Aufgabe. »Es gibt für jeden Tag eine kleine Übung, mit der du das Sexleben wunderbar gestalten kannst oder die dich einfach in die richtige Richtung in Bewegung setzt.«[31]

Du wirst eine Frau, die ethisch handelt, die Prinzipien von Falsch und Richtig kennt, aus ihrem Gewissen heraus entscheidet und dabei ehrbar, ehrlich, rechtschaffen, integer, tugendhaft und edel ist.

Die meisten Leserinnen kennen sicher GPS-Systeme. Der Pfad der Liebe kann einfacher zu finden sein, wenn wir »GPS-Fragen« stellen. Bevor Bill und ich irgendetwas tun oder sagen, fragen wir: Zeigt sich darin Liebe für

Gott,

andere **P**ersonen,

und mich **S**elbst?

Diese GPS-Anleitung kann hilfreich sein, wenn es um moralische Fragen in der Liebe geht. Treue ist die Charaktereigenschaft, die in erster Linie dein Liebesleben absichert. Indem du dein Treueversprechen hältst, sorgst du für eine vertrauensvolle, glühend heiße Liebesatmosphäre. Eine der häufigsten Fragen, die Bill und ich zu hören bekommen, wenn wir über ein heißes Liebesleben Vorträge halten, lautet: »Ist das und das aus Gottes Sicht okay?« Unsere Antwort darauf lautet: »Ja, wenn ...

🖤 ... ihr einander gegenüber nachgiebig seid

🖤 ... mit allem, was ihr tut, beide Partner einverstanden sind. *Über alles aber zieht an die Liebe, die da ist das Band der Vollkommenheit.* (Kolosser 3,14)

🖤 ... ihr alles in Liebe ausprobiert. Niemand sollte sich gezwungen oder genötigt fühlen. Sex soll die Liebe reflektieren und niemals herabwürdigend oder schmerzhaft sein. Sex ist eine Beziehung, die geschützt werden muss. *Die Ehe soll in Ehren gehalten werden bei allen und das Ehebett unbefleckt.* (Hebräer 13,4)

💜 … die Sicherheit der Privatsphäre gewahrt ist. Beim Sex seid nur ihr beide dabei. Keine anderen Partner, keine nachgebildeten Körperteile. Wenn es um Grauzonen oder Dinge geht, die nicht ausdrücklich verboten sind, dann haltet euch an diese Weisheit: *Alles ist mir erlaubt, aber nicht alles dient zum Guten.* (1. Korinther 6,12) Gott gestattet uns Freiraum für unsere Entscheidungen, aber niemals solltest du euer Leben oder eure Gesundheit für ein paar Minuten der Ekstase aufs Spiel setzen. (Auf www.lovewise.com bieten wir einen Artikel zum Thema an: *What's Okay with God in the Bedroom?* Darin geht es um Grauzonen und häufige Fragen.)

Als Geschenk für deinen Mann schaffe dir freie Zeit, lege romantische Musik auf und dann berühre, streichle, lobe und küsse den nackten Körper deines Mannes von Kopf bis Fuß. Als Inspiration kannst du die Passagen Kapitel 4,1–7; 5,1–16 und 7,1–10 aus Hohelied Salomos lesen. Nimm dir die Zeit für die Lektüre, knie dich im Gebet an dein Bett und beanspruche deine Liebe als Reflexion der Liebe Gottes. Als Zeichen der Treue wähle einen Duft, der für euch beide Reinheit symbolisiert, und sprühe die Bettwäsche damit ein. Bei

Männern scheint am ehesten eine Kombination aus Lavendel und Kürbiskuchenduft, bei Frauen aus Lakritze und Gurke anregend zu wirken.

Auch Düfte, die an eine glückliche Kindheit erinnern, können Punkte gewinnen: denke an Kekse oder Apfelstrudel. Es gibt Duftkerzen in vielfältigen Variationen; Männer schätzen besonders Vanille, Moschus, Ingwer, Pfefferminz, Ylang Ylang und Muskat.

Wo und wann immer du künftig den gewählten Duft riechen wirst, wird er dich an das Vergnügen der hingegebenen ehelichen Liebe erinnern.

Tipps für das Liebesleben

Begreife den Sextrieb deines Mannes als Geschenk. Bei den Männern ist er bis zum Alter von 30 Jahren am stärksten, bei den Frauen wird er zwischen 30 und 50 Jahren stärker. Es mag also sein, dass du dir in späteren Jahren häufiger Sex wünschen wirst als dein Mann. Dann wirst du dankbar für jede Gelegenheit sein, bei der du in den ersten Jahren »Ja!« sagst. Hier sind ein paar fröhliche Variationen, »Ja« zu sagen:

💜 Schreibe *Ja!* auf den Asphalt vor der Eingangstür.

💜 Male ein Poster mit einem großen *Ja!* und hänge es ans Garagentor.

💜 Schreibe *Ja!* auf den beschlagenen Spiegel.

💜 Schreibe mit Lippenstift *Ja!* auf den Rückspiegel im Auto und besiegle es mit einem Lippenstiftkuss.

💜 Schick *Ja!* als Botschaft mit einem geschmackvollen Foto auf sein Telefon. (Denke daran: Digitales kann man nie wirklich endgültig löschen.)

💜 Ruf ihn an und sag *Ja! Ja! Ja! Oh ja! Ich freue mich so darauf, heute Abend Zeit mit dir zu verbringen!*

💜 Bastle eine Serie von *Ja!*-Haftnotizen in Rosa oder als Herzchen ausgeschnitten und bringe sie entlang des Weges an, den er gehen wird.

Unterstützend

> *Du wirst eine Frau, die weiß, wie sie am besten den*
> *Ehemann ausrüstet, nährt, kultiviert, voranbringt,*
> *anspornt, unterstützt, stark macht und trägt.*

Wenn wir bei einer »WOW-Night« (spezieller Abend
für Frauen, Anm. Übers.) sprechen, erzähle ich oft von
einer Freundin, die mit meiner Mentorin, Sally Conway,
über ihre Ehe in der mittleren Lebensphase gesprochen
hatte. Sally hatte ihr weisen Rat gegeben: »Betrachte
deinen Ehemann mit den Augen einer jüngeren Frau.
Welche seiner Charakterzüge, Merkmale und Qualitäten würde eine jüngere Frau attraktiv finden? Finde
diese Punkte ebenfalls attraktiv. Dein Mann braucht
keine Mutter, er braucht eine Freundin!«

Kurz nach einem solchen Vortragsabend erhielt
ich diese E-Mail: »Wusstet ihr, dass man immer noch
WOW erhält, wenn man das Wort rückwärts schreibt?
Wenn man es aber auf den Kopf stellt, bekommt man

»MOM« (Mutti). Tu das nicht! Dein Mann braucht keine Mutti, er braucht eine WOW-Frau!«

Müttern, die ihre Veranstaltungen *Hearts at Home* besuchen, rät meine Freundin Jill Savage: »Frausein kommt zuerst, Muttersein danach!« Es ist so leicht, auf die Mama-Seite der Straße zu geraten, wenn erst einmal Kinder da sind. Während wir an diesem Buch arbeiteten, gab es beispielsweise eine Störung an unserem DVD-Gerät. Bill ist immer der Held, der so etwas repariert. Eines Tages erwähnte ich beim Abendbrot, dass der DVD-Spieler wieder nicht ordentlich funktionierte. Bill meinte: »Also soll ich das jetzt reparieren, oder informierst du mich nur darüber?« Ich erwiderte höflich: »Ich habe nur gesagt, dass es nicht funktioniert« (in einem mütterlichen ich-habe-dir-das-schon-tausend-Mal-gesagt-Ton). Stattdessen hätte ich mit einem Lächeln sagen sollen: »Das wäre großartig, wenn du das jetzt reparieren könntest! Du bist doch immer mein Held und Retter!« *Ihr Frauen, ordnet euch euren Männern unter wie dem Herrn.* (Epheser 5,22)

Es gibt einen Witz, der das Dilemma, Frau und Mutterrolle auszubalancieren, beschreibt: Der Präsident geht mit seiner Frau spazieren. Die beiden treffen einen früheren Freund der Präsidentengattin, der einer minderwertigen Tätigkeit nachgeht. »Wenn du

mich nicht geheiratet hättest«, sagt der Präsident, »dann
könntest du jetzt die Frau von diesem armen Mann
sein.« Die Gattin antwortet gelassen: »Wenn ich ihn geheiratet hätte, wäre er jetzt Präsident.«

Wie kannst du deinen Mann bewusst als Frau statt
als Mutter unterstützen?

💜 *Eine Frau* flirtet, sie hat volles Vertrauen bezüglich seines Erfolges. *Eine Mutter* greift regelnd
ein. Sie hat Angst, dass er versagen könnte.

💜 *Eine Frau* fragt: Wie kann ich dir eventuell helfen? *Eine Mutter* befiehlt: So und so muss man
das machen.

💜 *Eine Frau* lässt los. Sie vertraut darauf, dass alles
gut wird. *Eine Mutter* klammert. Sie macht sich
Sorgen bezüglich der Zukunft.

Marcia Ramsland, die Autorin und Organisatorin von
Simplify Your Life, hilft uns dabei, die durchgezogene
Mittellinie auf der Straße unseres Lebens zwischen
Mama-Sein und Frausein nicht zu übersehen: »Ich ver-
einfache Davids Leben, indem ich ihn an Dinge erinnere. Eines Morgens, als er zur Arbeit aufbrach, rief
ich ihm drei Erinnerungen nach. Er antwortete: »Du

bist auf meiner Straßenseite!« Mir war sofort klar, dass dies nicht der beste Moment war, um mit ihm zu reden.

Tipps für das Liebesleben

Lass deinem Mann Platz auf seiner Straßenseite, damit die Liebe in Fahrt kommen kann.

Campingplatz. Eine Frau erzählte mir von einer Urlaubsreise mit einem kleinen Wohnmobil quer durch das Land. Da die Kinder dabei waren, hatte das Paar zwar sehr viel Nähe, aber keinen Sex. Eines Nachts schließlich liebten sie sich so leise wie möglich. Als der Höhepunkt fast erreicht und eine gewisse Geräuschkulisse höchst willkommen war, raste ein Zug mit lautem Hupen am Campinglatz vorbei. Seitdem war ihr Code für Sex: »Ich glaube, ich höre einen Zug kommen.«

Origineller Code. Nimm eine lustige Erinnerung, um einen eigenen Code zu kreieren. Eine Familie spielte gerne ein Spiel, das sie »Hamburger« nannten, wobei ein Familienmitglied das Brötchen ist, darüber legt sich jemand als Fleischstück, dann kommt eine Tomatenscheibe, dann eine Zwiebel und so weiter. Eines Tages war das Paar im Schlafzimmer, um sich umzuziehen, und eins führte zum anderen. Schließlich lagen sie im Bett. Da kam eines der Kinder ins Zimmer, sah die beiden übereinander liegen und rief den Geschwistern zu: »Mama und Papa spielen gerade Hamburger!« Die anderen Kinder kamen angerannt, um mitzuspielen. Das Paar versuchte, ernst zu bleiben und als die Kinder schließlich wieder verschwunden waren, schlossen sie die Tür ab. Seither heißt es bei den beiden, wenn einer Lust auf Sex hat: »Möchtest du heute Abend einen Hamburger?«

Flirtförderndes Auto. Eine Teilnehmerin an einem unserer Seminare mietete einen Sportwagen, um zum Ort der Konferenz zu reisen. Der Mann empfand das als eindeutigen Flirt, obwohl die Kinder dabei waren, weil er sein Traumauto fahren durfte.

Optimistisch

Du wirst eine Frau, die positive Ergebnisse erwartet, dabei hoffnungsvoll, zuversichtlich, sicher, idealistisch und flott ist und stets einen erbaulichen Standpunkt einnimmt.

Ein verheirateter Mann ging mit Freunden aus und kam daher recht spät nach Hause. Er hoffte noch auf ein wenig glühend heiße Monogamie, aber als er zu Hause eintraf, schlief seine Frau bereits. Er holte zwei Aspirintabletten und ließ sie seiner Frau in den Mund fallen. Prompt wachte sie hustend auf. »Was fällt dir denn ein?«, fragte sie erschrocken. Er antwortete: »Ich dachte, du brauchst Aspirin.« »Nein! Ich hab doch kein Kopfweh!« »Mehr wollte ich gar nicht wissen.«[32]

Dieser Mann war ein Optimist. Ich (Pam) erinnere mich, dass ich einmal über den folgenden Vers, der mit Ehe und Sex zu tun hat, betete. *Entziehe sich nicht eins dem andern, es sei denn eine Zeit lang, wenn beide es wollen,*

damit ihr zum Beten Ruhe habt; und dann kommt wieder zu-
sammen, damit euch der Satan nicht versucht, weil ihr euch nicht
enthalten könnt. (1. Korinther 7,5).

Mein Gebet ging ungefähr so: »Herr, du weißt,
dass ich Sex mit Bill wirklich liebe. Du weißt aber auch,
dass ich an Migräne leide. Ich möchte gerne so oft wie
möglich *Ja!* zu Bill sagen, aber wenn ich solche Kopfschmerzen habe, dann kann ich nur mit Fug und Recht
sagen: Heute nicht, Liebling, ich habe Kopfschmerzen.
Hilf mir, Herr!« Später, im Wartezimmer eines Arztes,
las ich dann einen Artikel darüber, dass Sex die Blutgefäße öffnet und dadurch Kopfschmerzen und Migräne gemindert werden. Jetzt kann ich zu Bill sagen: »Ja,
heute Abend! Ich habe nämlich Kopfschmerzen!«

Tipps für das Liebesleben

Stimuliere deinen Mann, indem du neue Rollen für
dich selbst erfindest.

Vorsitzende des Fan-Clubs. Schreib deinem Mann als Vorsitzende des Fan-Clubs einen Brief und du lade ihn zu
einem Fan-Club-Treffen ein. Wenn er erscheint, tanzt
du für ihn zum Beispiel einen »Fächertanz«, wobei du

mit den Fächern verführerisch die »Schlüsselstellen« deines nackten Körpers verdeckst.

Geschäftsführerin. Eine Geschäftsführerin hat das Wohl des Betriebes im Auge. Joe und Michell, Autoren von *Yes! Your Marriage Can Be Saved* und *Marriage 911* hatten beide mehrere Scheidungen hinter sich, bevor sie Gott persönlich kennen lernten. Sie beschlossen, dass ihre Ehe halten sollte. »Es gab ein Problem für Joe und mich, das wir eigentlich für erledigt gehalten hatten. Nach einigen Tagen im Gebet, etlichen wichtigen Veränderungen in unserem Leben und der gegenseitigen Vergebung beschlossen wir, noch einmal auf »Hochzeitsreise« zu gehen, um die Intimität zurückzuerobern. Wir reservierten Übernachtungen in einem romantischen Hotel für eine Woche im Voraus. Die Woche vor der Abreise war gefüllt mit Flirt, Liebesnotizen und Neckereien aus lauter Vorfreude auf die erotische Wiederbelebung. Das war eine der romantischsten Zeiten in unserer Ehe.«

Zeitnehmerin. In unserem Buch *Red-Hot Monogamy* haben wir ein Akrostichon darüber veröffentlicht, wie viel ZEIT es kostet, eine heiße Liebesbeziehung am Leben zu erhalten:

Zehn bis zwanzig Minuten täglich Gespräch miteinander, um emotional verbunden zu bleiben.

Einmal wöchentlich eine gemeinsame Verabredung – zu Hause oder irgendwo draußen.

Im Monat wenigstens einen freien Tag, um mindestens sechs Stunden gemeinsam etwas zu unternehmen.

Tut euch einmal pro Jahr etwas Gutes mit einer Ehekonferenz, um Fertigkeiten zu erwerben und einmal pro Jahr macht zusammen Urlaub, um euch zu erholen.

Zusammen alt werden, dazu braucht man guten Humor, zum Beispiel, weil das Gehör nachlässt. Eine Freundin erzählte uns die folgende Geschichte:

Mein Mann und ich sind fast 60, aber unsere Beziehung macht uns immer noch Spaß, und es mangelt uns nicht an Koketterie. Als wir über einen Altersruhesitz redeten, hörte ich meinen Mann einmal sagen: »Wir werden es dort übrigens sicher mit viel mehr *im Sex* zu tun haben.« Einmal gehört, bekam ich das nicht mehr aus dem Kopf. Meine Vorstellungskraft brodelte, ich fragte mich, warum ausgerechnet dort auf dem Land unsere intime Beziehung so besonders sein würde. Ich lächelte in Gedanken verloren vor mich hin, während er weiter über das Grundstück sprach. Schließlich hielt er inne und fragte, was mich eigentlich so amüsierte. Ich grinste: »Wir werden dort also viel mehr im Sex erleben. Ich bin gespannt, wie der Landsitz dazu beitragen wird.« Verwirrt und verblüfft starrte er mich einen Moment an. Dann wurde sein Blick weich und er grinste vergnügt: »Schatz«, erklärte er, »ich sagte, wir werden dort übrigens sicher mit viel mehr *Insekten* zu tun haben.«

Heißblütig

> *Du wirst eine Frau, die enthusiastisch, erregt, begeistert, brennend und ausdrucksvoll ist.*

Ob du die Flamme deiner Leidenschaft anfachst, liegt in deiner Entscheidung. Selbst wenn da nur noch ein kleiner Funke Liebesglut übrig sein sollte – mit ein wenig liebevoller Aufmerksamkeit und Hinwendung kannst du daraus wieder eine feurig heiße Liebe machen. Jay und Laura Laffoon, Autoren von *He Said. She Said*, verraten ihr Geheimnis für das Entfachen eines lichterloh brennenden Liebesfeuers. Jay erzählt diese Geschichte: »Unsere Freunde Stacey und Dottie Foster leben in Detroit, sie sind Pastoren bei *Life Changers International*. Ich war mit den Fosters auf Missionsreise. Am Abend eines mit Besuchen von Wohltätigkeitsorganisationen angefüllten Tages saßen wir zusammen beim Abendessen. Das Gespräch kam auf das Projekt *Celebrate Your Marriage* und auf die Menschen, mit denen wir es zu tun hatten. Wir tauschten uns über die häufigsten Herausforderungen für Paare aus. Sex gehört natürlich zu diesen Problembereichen.

Dottie sagte: »Männer müssen begreifen, dass es für Frauen in jedem Monat vier Wochen gibt.« Ich war etwas irritiert und fragte mich, ob nicht auch für Männer der Monat vier Wochen dauert. Dottie erklärte dann genauer, was sie meinte: »Wegen der hormonellen Schwankungen im Körper der Frau hat jede dieser vier Wochen ihre ganz spezifischen Eigenarten:

Woche 1: Ich glaube, mein Mann ist ein ganz guter Kerl. Er ist ein guter Vater, er sorgt gut für uns. Ich bin stolz, dass er mein Mann ist. Ich mag ihn, aber damit hat es sich auch.

Woche 2: Ich kann die Finger nicht von meinem Mann lassen. Ich glaube, er ist der wundervollste Mensch auf dem Planeten und ich werde nie genug von ihm bekommen. Er macht mich (auf eine positive Weise) verrückt! Ich will nichts, als in seiner Nähe sein!

Woche 3: Ich kann meinen Mann nicht ertragen. Oder sonst irgendwelche Männer. Er macht mich (auf eine negative Weise) verrückt!

Woche 4: Mein Mann ist mein Kumpel. Während meiner monatlichen Periode teilen wir einfach nur die Wohnung.«

Da ging mir ein Licht auf. Ich blickte auf die Zeit meiner langjährigen Ehe zurück und erkannte genau dieses Muster bei mir wieder.«[33]

Jay und Laura entwarfen einen Plan, der Paaren passend zu diesem natürlichen Rhythmus dabei hilft, ihre Leidenschaft zu maximieren: 14 Tage pro Jahr für eine bessere Ehe.

- ♥ 15 Minuten täglich für das Gespräch miteinander. (15 Minuten x 365 Tage = 4 Tage pro Jahr)

- ♥ 1 Stunde pro Woche zusammen etwas tun. (1 Stunde x 52 Wochen = 2 Tage pro Jahr)

- ♥ 4 Stunden Zweisamkeit pro Monat (4 Stunden x 12 Monate = 2 Tage pro Jahr)

- ♥ 2 Tage Kurzurlaub (zweimal Jährlich = 4 Tage pro Jahr)

- ♥ 25 Minuten Sex (durchschnittlich alle drei Tage, dem natürlichen Rhythmus der Hormone angepasst = 2 Tage pro Jahr)

Zusammengerechnet sind das 14 Tage! Mit nur 14 Tagen Zeitaufwand pro Jahr kannst du für eine leidenschaftlichere Ehe sorgen! Deine Leidenschaft für deinen Ehemann tut auch seiner Gesundheit gut. Der Arzt Mehmet Oz veröffentlichte eine Studie, nach der das Prostata-Krebsrisiko bei Männern um 14 Prozent sinkt, wenn sie 13 bis 20 Mal monatlich ejakulieren. Bei mehr als 21 Ejakulationen monatlich sinkt das Krebsrisiko sogar um 43 Prozent[34].

[...] auch viele Wasser können die Liebe nicht auslöschen. (Hohelied 8,7)

Tipps für das Liebesleben

Spezielle Kalender. Beschenke deinen Mann mit einem Kalender, in dem rote Herzen jeden für die glühend heiße Monogamie vorgesehenen Tag markieren. (Du kannst auch einen Kalender mit dem Rhythmus markieren, den die Laffoons beschrieben haben).

Der ultimative Gutschein. Gib deinem Mann eine Sammlung von Gutscheinen für »Sex, wann immer er möchte«. Du kannst entsprechend der »*14 Tage pro Jahr für eine bessere Ehe*-Liste« 14 Gutscheine entwerfen. Oder du beschenkst ihn mit einer Jahresration von Gutscheinen für Sex dreimal pro Woche (also 121-mal jährlich).

Bonus-Intimität. Fülle eine Glasschale mit herzförmigen Edelsteinen oder Gutscheinen als Geschenkoption für spontane heiße Liebeserlebnisse außerhalb eures gewohnten Rhythmus. Um einen Gutschein einzulösen, muss dein Mann ihn auf deinen Nachttisch legen, damit du weißt, dass er dich sexuell begehrt.

»Um das Funkensprühen in unserer Ehe zu erhalten, klebe ich nach dem Zufallsprinzip Haftnotizen auf Gegenstände wie Lampen, Mobiltelefon, Duschkopf oder ähnliches, auf denen steht: Mach doch lieber mich an!«

*Du wirst eine Frau, die gelassen, sanft, unbeschwert,
friedlich, entspannt, still, ruhig und friedevoll ist.*

Bei der Trauerfeier für unsere Freundin Carol Garlow
sprachen führende Politiker, Pastoren von Megakir-
chen und Megadiensten, Fernsehprominenz und bekannte Journalisten. Sie waren genau wie wir zusam-
mengekommen, um Carol für ihre stille und kraftvolle
innere Stärke Anerkennung zu zollen. Sie hatte unser
aller Achtung verdient durch ihre unerschütterliche
Liebe für ihren Mann Jim. Wir waren Zeugen, wie sie
während ihres langen Kampfes gegen den Krebs fest
an der Seite ihres Mannes stand. Ihre beständige Liebe
und ihre unablässigen Gebete ermöglichten es ihrem
Mann, gleichzeitig eine Kirche zu leiten und als Redner
zur Nation zu sprechen. Jim schrieb über seine Frau:

»Carol besaß radikales Gottvertrauen. Sie wusste
immer, dass er sich offenbaren würde. Wenn ich mit

theologischen Fragen haderte, glaubte sie ihm unerschütterlich. Sie war für mich so etwas wie ein geistlicher Fels. Nichts konnte sie oder ihren Glauben erschüttern. Sie wusste, dass Gott Gott ist, bis zum letzten Atemzug. Ich habe sie in 42 Jahren nie wanken sehen.

Bemerkenswert war auch, dass sie in der Lage war, die Bedürfnisse von allen Familienmitgliedern zu erfüllen. Carol wusste, wie sie mich wirklich vervollkommnen konnte – so wie die Bibel sagt, dass wir einander vollkommen machen sollen: emotional, intellektuell, körperlich, sexuell, psychologisch und geistlich. Deshalb wurde unsere Liebe im Lauf der Jahre immer stärker und tiefer.

Sie unterrichtete einen Kurs mit dem Thema ›Sexuelle Erfüllung in der Ehe‹, der auf dem Buch Hohelied Salomos basierte. Nach ihrem Tod habe ich mich entschlossen, ihre Materialien aus diesem Kurs aufzubewahren. Als sie mit dem Thema begann, wusste ich nicht so recht, was sie den Frauen da sagte. Ich war zu sehr mit meiner Pastorenarbeit beschäftigt. Eines Tages kam ein junger Ehemann nach dem Gottesdienst zu mir und sagte mit einem breiten Lächeln: ›Ich weiß nicht genau, was Ihre Frau meiner Frau in diesem Kurs beibringt, aber sagen Sie ihr bitte, dass sie so weitermachen soll.‹

Daraufhin war ich neugierig, was meine Frau da eigentlich lehrte. Und als Mann kann ich nur sagen: es war großartig. Sie ermutigte die Frauen dazu, ihre Männer zu verstehen und aus der sexuellen Intimität besondere Ereignisse voller Kreativität, Erfindungsreichtum und Spontaneität zu machen. Männer lassen sich gerne mit unerwarteten sexuellen Begegnungen mit ihren Frauen überraschen. Das bindet jeden Mann an seine Frau. Ich habe einmal öffentlich gesagt: ›Sex ist Gottes Idee, und außer der Errettung ist es die beste, die er je hatte!‹

Ich habe eine Theorie. Manche sagen, Sex sei nicht so übermäßig wichtig, es käme auf die spirituelle Komponente an. Zweifellos muss die geistliche Hingabe an Christus Grundlage jeder Ehe sein, aber Carol und ich haben etwas herausgefunden: In schweren Zeiten haben uns das Geistliche und der Sex zusammengeschweißt. Als der Krebs auftrat, hatten wir in den letzten sechs Jahren ihres Lebens buchstäblich keinen Konflikt. Unsere großartige Ehe wurde sogar noch besser. Wir hatten schon vor dem Krebs eine wunderbare Ehe, aber mit der Krankheit wurde sie geradezu außerordentlich.

Das letzte, was sie von mir hörte, war: Ich liebe dich. Um 9:03 an einem Sonntagmorgen, am 21. April 2013, antwortete sie: Ich liebe dich. Das war unser letzter Austausch von Worten. Ich hielt sie fest, während sie ihren letzten Atemzug tat – und noch eine ganze Weile danach. Ich war 42 Jahre lang voller bewundernder Ehrfurcht für sie. Und meine Ehrfurcht ist jetzt, da sie von mir gegangen ist, noch größer geworden.«

So möchte auch ich meinem Mann in liebevoller Erinnerung bleiben. Und du?

Euer Schmuck sei [...] der verborgene Mensch des Herzens im unvergänglichen Schmuck des sanften und stillen Geistes: das ist köstlich vor Gott. (1. Petrus 3,4)

Tipps für das Liebesleben

Lass dich nicht durch die Formulierung mit dem *stillen Geist* in die Irre führen. Das bezieht sich auf das, was in der Öffentlichkeit geschieht. Der private Bereich ist etwas ganz anderes. Schauen wir uns einmal Sulamith an, die ihren Mann auf eine ruhige, aber außerordentlich erfolgreiche Weise zu einer sexuellen Begegnung einlädt: *Mein Freund ist hinabgegangen in seinen Garten, zu den Balsambeeten, dass er weide in den Gärten und Lilien pflücke. Mein Freund ist mein und ich bin sein, der unter den Lilien weidet.* (Hohelied 6,2–3) Wenn in Hohelied Salomos von

Garten die Rede ist, dann steht das immer für Sexualität und für die Geschlechtsorgane der Frau.

Du kannst deinem Mann auf verschiedene subtile Weise mitteilen, dass du ihn begehrst.

Ein recht klarer Hinweis. Ein Mann erzählte vom Code seiner Frau: Manchmal, wenn wir zu einer Reise aufbrechen, plant sie die »Überraschung« durch ein neues Negligé. Sie lässt dann das knappe, durchsichtige Kleidungsstück auffällig neben dem Koffer liegen, damit ich es unbedingt bemerken muss. Das hat keinen anderen Zweck, als mich zappeln zu lassen – erfolgreich natürlich!«

Spezielle Socken. Ich entdeckte einmal kurz vor Weihnachten Tennissocken, auf denen hochgekrempelt »heute Abend!« stand, wenn man sie herunterkrempelte, stand da »heute nicht«. Ich hielt mich für schlau, als ich die Socken ganz unten in seinem Nikolausstiefel versteckte. Bill jedoch schüttete den ganzen Inhalt vor der versammelten Familie aus. Er sah die Socken, lächelte und schob sie schnell beiseite – aber nicht schnell genug! Unser Sohn, frisch verheiratet, sah die Socken, lehnte sich zu seinem Vater hinüber und sagte: »Papa, wenn du Socken brauchst, um Bescheid zu wissen, kann ich dir gerne Nachhilfeunterricht geben …«

Achtungsvoll

Du wirst eine Frau, die höflich, artig, zuvorkommend und anmutig ist und ihrem Mann Achtung und Ehrerbietung zeigt.

Die Frau eines Golffanatikers überraschte ihn mit Golfferien. Sie erzählte: »Ich spielte zuvor nicht Golf, aber ich habe es trotzdem versucht. Es machte mir so viel Spaß, dass ich Unterricht nahm. Jetzt gehen mein Mann und ich regelmäßig Golf spielen – was uns Zeit zu zweit garantiert; außerdem ist es entspannend, sich beim Gehen zu unterhalten, und gesund ist es obendrein. Darüber hinaus ist Golf ein Thema, bei dem mein Mann mir etwas beibringen und zeigen kann, was sein Selbstwertgefühl steigert. Ich danke ihm jedes Mal für die Zeit, die wir miteinander verbringen konnten.«

Diese Frau hatte zweifach gewonnen: Sie genoss die gleiche Aktivität wie ihr Mann, und sie erwies ihm gleichzeitig ihre Achtung. Kennst du den Bestseller

Love & Respect von Emerson Eggerichs? Er hat das Bedürfnis eines Mannes, immerzu Respekt seitens seiner Frau zu empfinden, weise dargestellt. In diesem Buch wird eine Umfrage zitiert, bei der 400 Männer gefragt wurden: »Wenn Sie wählen müssten, welche Möglichkeit würden Sie wählen? A) Einsam und ungeliebt in der Welt leben? B) Sich unzulänglich und von niemandem respektiert fühlen?« 74 Prozent der Befragten würden lieber einsam und ungeliebt sein.[35]

Dr. Eggerichs fährt fort: »Dein Mann braucht sexuelle Erfüllung wie du emotionale Erfüllung brauchst. Daher liebt er den Geschlechtsverkehr an und für sich so sehr. Als Frau empfindest du wahrscheinlich, dass Nähe und Verbundenheit Voraussetzungen für Sex sind, aber für deinen Mann ist es genau umgekehrt: Sex verbindet euch beide stärker miteinander.«[36]

Darum auch ihr: ein jeder habe lieb seine Frau wie sich selbst; die Frau aber ehre den Mann. (Epheser 5,33)

Tipps für das Liebesleben

Der perfekte Abend zu Zweit kann für einen Mann ganz simpel sein: Rotes Fleisch auf dem Grill und einen Film anschauen, in dem Sport, Spione, Motorräder, Transformer, Superhelden und Kämpfe vorkommen. Oder eine Serie wie *Haie, Wissensjäger, Verrückt nach Tornados, Ice Road Truckers* oder *Duck Dynasty*. Genauso gut geeignet wäre für einen Mann ein Date, bei dem es Miniwürstchen in Schinkenscheiben zu essen gibt gefolgt von einem Wii- oder X-Box-Spiel, in dem ihr beide gegeneinander um die Wette Gitarre spielt oder euch als Mitglieder einer militärischen Sondereinheit oder einer Fußballmannschaft auslebt. (Wenn er die Füße auf den Couchtisch legen darf, bekommst du noch einen Bonuspunkt!)

Der Komiker Dave Barry hat die Liebe aus Sicht beider Geschlechter zusammengefasst:

»*Was Frauen wollen*: Geliebt werden, dass man ihnen zuhört, sie begehrt, sie respektiert, dass sie gebraucht werden, dass man ihnen vertraut und sie manchmal einfach nur in den Arm nimmt. *Was Männer wollen*: Karten für die Bundesliga.«[37]

Ich habe Bill und unsere Söhne gebeten, ein paar ihrer Lieblingsaktivitäten aufzuschreiben. Hier sind ein paar ihrer Antworten:

- ♥ Auf der Rennstrecke Go-Kart fahren

- ♥ Bergwandern auf Hawaii

💜 Tontaubenschießen oder auf den Schießplatz gehen

💜 Wakeboard oder Wasserski fahren

💜 Eine Autoausstellung besuchen

💜 Ein Jazzfestival besuchen – mehreren Bands zuhören und dabei Essen von diversen Ständen genießen

💜 Hamburger essen (mit »männlichen« Bestandteilen: Speck, Zwiebeln, Paprika, Käse, Barbecuesoße und extra Rindfleischfladen)

💜 »Sex-zum-Nachtisch«-Restaurants – das sind Lokale, die einer Frau so gut gefallen, dass sie »in Stimmung kommt«.

Auch ein Ausflug zur Bowlingbahn, zum Geländefahrzeug-Übungsplatz, zur Hirschjagd, zum Autorennen oder an einen See zum Fischen, Segelboot- oder Motorbootfahren oder eine Wildwasserfahrt im Kajak oder auf dem Floß können einen Mann begeistern. Kathi Lipp bietet in *The Marriage Project* noch weitere Vorschläge an, darunter diesen von einem Pastor: »Einen Windtunnel, in dem das Fallschirmspringen simuliert wird, wollte ich schon immer besuchen. Das ist eine großartige Unternehmung zu zweit, solange es der Frau nichts ausmacht, dass ihre Frisur ruiniert wird.«[38] Doug, ein anderer der Befragten, schlug einen Paintball-Kampf als Aktivität vor. Es gebe kaum etwas, was so sexy wäre wie eine Frau im Kampfanzug, meinte Skip[39].

Auch aus unseren Zuhörerschaften kommen immer wieder Ideen, die für Männer geeignet sind:

💜 »Ich habe meinem Mann einen Ansaugkrümmer für sein Rennauto gekauft. Er meinte, das sei das liebevollste Geschenk aller Zeiten gewesen, das er je von mir bekommen habe.«

💜 »Meine Mutter kam zu uns und schlug vor, dass wir Eis essen gehen, sie würde solange auf die Kinder aufpassen. Als ich dann unterwegs die Abzweigung zur Eisdiele verpasste, wurde mein Mann neugierig. Ich deutete auf die Tasche, die ich gepackt hatte – sein T-Shirt mit dem Logo seiner Lieblingsmannschaft lag obenauf. Wir waren nämlich auf dem Weg zum Spiel gegen einen bedeutenden Gegner. Fußball und sein Mädchen – für ihn die perfekte romantische Unternehmung!«

💜 »Zum 30sten Geburtstag bastelte ich meinem Mann 30 nummerierte Karten, die ich dann wie einen Countdown Stück für Stück jeden Tag im Haus versteckte. Sie gipfelten schließlich so: 4 Stunden mit deiner Tochter, die dich lieb hat. – 3 Tage alleine für Männeraktivitäten. – 2 Tage in Chicago mit mir. – 1 Nacht mit mir in einem Hotel.«

💜 »Ich hatte einen Piratengeburtstag zu seinem 50sten vorbereitet, mit allen passenden Dekorationen und Verkleidungen. Als Abschluss der Feier enterte ich sein Segelboot, nahm ihn an Bord, und er segelte mit mir als seiner Gefangenen davon.«

💜 »Ich kaufte mir ein paar niedliche kleine Stükke Unterwäsche mit Tarnkleidungsmuster. Als dann die Jagdsaison da war, begleitete ich meinen Mann zur Hirschjagd in die Wälder. Wir waren früh aufgestanden, mit warmer Kleidung ausgestattet. Als wir zum Mittagessen zu Hause waren, durfte er meine hübsche kleine Tarnkleidung sehen. Ich sagte meinem Schatz: Du kannst jederzeit zu Hause auf die Jagd gehen! Um dein Rehlein zu erwischen, musst du nicht erst in den Wald gehen.«

Sinnlich

Du wirst eine Frau, die gewillt und in der Lage ist, die
Sinne und den Appetit ihres Mannes zu befriedigen,
die lecker, köstlich, zum Anbeißen und erotisch an ih-
ren Mann gefesselt ist.

Sue und Jeff Duffield reisen viel umher und singen
Lieder bei *Date Nights*. Das Publikum solcher Veranstaltungen besteht aus Paaren, die romantische Musik
der CD *Standard Response* hören, um in romantische
Stimmung zu kommen. Sue und Jeff haben einen simplen Code für die Liebe. Sue schrieb: »Jeff und ich lieben Pfefferminzpralinen. Sie taugen hervorragend als
Kussauslöser. Wenn ich will, dass Jeff in Fahrt kommt,
dann verstecke ich Pfefferminzpralinen in seiner Ak-
tentasche, mehr ist nicht nötig. Probiert das mal aus
– eine Pfefferminzpraline zwischen den Lippen …
einander küssen … und dann folgt schokoladensüße,
minz-frische Liebe.«

Er küsse mich mit dem Kusse seines Mundes; denn deine Liebe ist lieblicher als Wein. (Hohelied 1,2)

Tipps für das Liebesleben

Schauen wir einmal, was die Kreativität von König Salomos Frau zu bieten hatte; nennen wir sie zu diesem Zweck heiße Braut – HB. Sie wusste, wie sie ihren Mann in Fahrt bringen konnte … und das funktioniert auch noch heute, wie uns etliche Frauen berichteten.

> HB: *Komm, mein Freund, lass uns aufs Feld hinausgehen [...] und sehen, ob der Weinstock sprosst [...] da will ich dir meine Liebe schenken.* (Hohelied 7,12–13 – sie lädt ihn ein, Sex im Freien zu haben.)
>
> Eine Frau heute: »Ich las in Hohelied Salomos über den Liebesakt draußen im Weinberg. Als mein Mann und ich Urlaub auf einer Insel machten und fernab von anderen Menschen wanderten, zog ich ihn auf ein Bett aus Dschungelblättern.«

HB: *Die Liebesäpfel geben den Duft, und an unsrer Tür sind lauter edle Früchte, heurige und auch vorjährige: Mein Freund, für dich hab ich sie aufbewahrt.* (Hohelied 7,14 – sie ist offen für Sex auf verschiedene Weise – bereit für traditionelle und neue Ideen.)

Eine Frau heute: »Die Kinder glauben, wir hätten einen Pavillon für den Whirlpool mit ein paar großen Bänken (*vorjährige Früchte*) daneben. Aber wenn die Kinder nicht in der Nähe sind, ist das unser Außenbett (*heurige Früchte*).«

HB: *Flieh, mein Freund! Sei wie eine Gazelle oder wie ein junger Hirsch auf den Balsambergen!* (Hohelied 8,14 – sie signalisiert ihm: Beeil dich! Ich will sofort Sex!)

Eine Frau heute: »Wir erklommen einen abgelegenen Berg, es war mitten in der Woche und kein Mensch weit und breit zu sehen. Als wir den Gipfel erreichten, sagte ich: Eine solch große Spitzenleistung muss belohnt werden! Ich sah einen Felsspalt und lud meinen Mann dort zum Sex ein. Wir grinsen beide noch heute, wenn wir das Wort Spitzenleistung hören.«

HB: *Siehe, mein Freund, du bist schön und lieblich. Unser Lager ist grün.* (Hohelied 1,16)

Eine Frau heute: »Ich wollte das mit dem *grünen Bett* nachmachen. Ich erfuhr, dass es bedeutete, dass das Bett saftig wie eine Oase war – also kreierte ich ein geheimes verstecktes Bett in unserem Garten.«

HB: *Seine Linke liegt unter meinem Haupte, und seine Rechte herzt mich.* (Hohelied 2,6)

Eine Frau heute: »Die Braut in Hohelied gibt taktvolle Anweisungen, lässt ihren Liebhaber wissen, was sie mag. Wenn du möchtest, kannst du die Hände deines Mannes führen oder ihm sagen: Versuch mal dies, mal sehen, was passiert … lass ihn wissen, was dich befriedigt, während er es tut. Lass deine Körpersprache die Botschaft *genau so mag ich es, oh ja!* untermauern.«

HB: *Mein Freund ist weiß und rot, auserkoren unter vielen Tausenden.* (Hohelied 5,10)

Eine Frau heute: »Wir schätzen das Buch *What the Bible Says About Love, Marriage and Sex* von Dr. David Jeremiah. Es ist eine Auslegung zum

Buch Hohelied Salomos. Das Wort *weiß* im obigen Zitat bedeutet *umwerfend* oder *spektakulär*[40]. Mach dir eine Liste mit Punkten, durch die dein Mann sich vor anderen auszeichnet. Dann erstellst du mit Hilfe eines Online-Word-Art-Programms aus den Stichworten und einem Foto ein Kunstwerk für seinen Bildschirm oder als gedruckte Karte, die du ihm schickst.«

HB: *Mein Freund ist hinabgegangen in seinen Garten, zu den Balsambeeten, dass er weide in den Gärten und Lilien pflücke.* Hohelied 6,3 – der Ausdruck *weide in den Gärten* ist ein Euphemismus für Sex)

Hier sind dazu passend drei Codes aus unserem Buch *Red-Hot Monogamy* für dich:

1. Schreibe auf den beschlagenen Spiegel im Badezimmer eine Zahl zwischen 1 und 10, um anzuzeigen, wie sinnlich dir zumute ist. Sag ihm, dass 1 bedeutet: Komm in der Mittagspause nach Hause!
2. Bei einem Seminar bekamen Bill und ich mit, dass einige Erwachsene Sex meinten, wenn sie »wir gehen früh nach Hause« sagten.

3. Eine Frau erzählte, dass sie einen herzförmigen
    Magneten am Kühlschrank verschiebt. Je weiter
    oben er ist, desto dringender will sie mit ihrem
    Mann schlafen.

Aufmerksam

> *Du wirst eine Frau, die Nöte und Wünsche anderer*
> *voraussieht und die aufmerksam, achtsam, hilfsbereit,*
> *gastfreundlich, liebevoll, Anteil nehmend, mitfühlend,*
> *weichherzig, zuvorkommend, freundlich, höflich, diplo-*
> *matisch, taktvoll, mildtätig und großzügig ist.*

Wir wollen, dass unsere Liebe das ganze Leben lang beständig bleibt. Heiß liebende Frauen sind in jeder Lebensphase für das Empfinden und die Entwicklung ihres Mannes aufmerksam. Wir suchen nach Möglichkeiten, Hindernisse auf dem Lebensweg in Gelegenheiten für Liebeserweise zu verwandeln. Eine Frau erzählte uns von dieser erfinderischen Lösung für ein verbreitetes Problem: »Mein Mann leidet an einer Schlaf-Apnoe und ich an rheumatischer Arthritis. Es wurde uns klar, dass es einfacher ist, getrennt zu schlafen. Ich schlug meinem Mann vor, dass wir jeden Morgen vor der Arbeit Sex haben … ihm gefiel die Idee.«

Lass uns einen Blick auf Gottes Plan für die Liebe werfen. Das hilft uns dabei, unseren Männern aufmerksam unsere Liebe zu erweisen.

> *Die Liebe ist langmütig und freundlich, die Liebe eifert nicht, die Liebe treibt nicht Mutwillen, sie bläht sich nicht auf, sie verhält sich nicht ungehörig, sie sucht nicht das Ihre, sie lässt sich nicht erbittern, sie rechnet das Böse nicht zu, sie freut sich nicht über die Ungerechtigkeit, sie freut sich aber an der Wahrheit; sie erträgt alles, sie glaubt alles, sie hofft alles, sie duldet alles.* (1. Korinther 13,4–7).

Auf welche Charaktereigenschaft der Liebe möchtest du dich in den nächsten Tagen und Wochen konzentrieren?

Tipps für das Liebesleben

Sei kühn. Dr. Lisa Masterson, eine Gynäkologin, berichtet, dass bis zu 50 Prozent der sexuell aktiven Paare ein vaginales Gleitmittel benutzen. Solch ein Gleitgel kann den Schmerz für eine Frischverheiratete mindern, aber genauso einer Mutter nach der Geburt sowie Frauen in der Lebensmitte bei vaginaler Trockenheit helfen. Viele

Gleitmittel kann man in der Drogerie im Regal finden, aber manchmal muss man auch kühn danach fragen, weil sie unter Verschluss sind.

Sei beständig. Eine simple Tatsache bezüglich erektiler Dysfunktion ist, dass Männer ihre Erektion *nutzen* müssen, um sie nicht zu verlieren. Dr. Masterson erinnert Frauen daran, dass auch »die Vagina ein Muskel ist, der schrumpft, wenn er nicht benutzt wird«[41]. Mache Sex mit deinem Mann zur Priorität!

Sei verständnisvoll. Es wird Zeiten geben, in denen dein Mann zum Sex nicht in der Lage ist. (Das kann wegen Müdigkeit, Sorgen, Stress, Druck oder dann geschehen, wenn ihr gerade Sex hattet. Dann dauert es eine Weile, bis er wieder kann.) Das ist normal und hat nichts mit Impotenz zu tun, solange er nicht häufiger als bei 50 Prozent der Versuche nicht in der Lage ist, eine Erektion zu bekommen oder zu behalten.[42] Dein Mann braucht in solchen Fällen eine Menge Bestätigung und Zuspruch: Nicht Ejakulation ist das Ziel, sondern Nähe.

Seid ein Team. Es kann sein, dass du nach alternativen Möglichkeiten Ausschau halten musst, um ihn zu erregen. Auch 75 Prozent der Frauen kommen schließlich durch vaginalen Sex allein nicht zum Orgasmus[43]. Mit zunehmendem Alter ist es wahrscheinlich, dass die bisher gewohnte Art und Weise beim Sex durch andere Formen der Liebe ersetzt werden muss. Lass dich von deinem Arzt beraten. Dein Mann und du, ihr müsst jedes Hindernis gemeinsam angehen, damit es euch nicht entzweit.

Selbstlos

Du wirst eine Frau, die wohltätig, freigiebig, selbstlos, uneigennützig, menschenfreundlich, mitfühlend und verständnisvoll ist.

Als ich nach den Attributen einer selbstlosen Frau suchte, führten alle Synonyme letztendlich zur gleichen Quelle: zum Herzen (großherzig, offenherzig, gutherzig). Das hat mich an etwas erinnert, das ich schon als Kind gelernt habe: *Ein guter Mensch bringt Gutes hervor aus dem guten Schatz seines Herzens.* (Lukas 6,45) Ein selbstloses Herz wird aufblühen und selbstlose Handlungen und Worte hervorbringen. Das Gleichnis vom guten Samariter offenbart die Essenz eines selbstlosen Herzens.

Es war ein Mensch, der ging von Jerusalem hinab nach Jericho und fiel unter die Räuber [...] Ein Samariter aber, der auf der Reise war, kam dahin; und als er ihn sah, jammerte er ihn; und er ging zu ihm, goss Öl und Wein auf seine Wunden und verband sie ihm. (Lukas 10,30–34)

Sei wie der gute Samariter, indem du deinem Mann gegenüber selbstlos bist:

♥ Bete für ihn und für den Tag, der vor ihm liegt. Bitte Gott, dass er dir zeigt, wo und wie du die Anspannung deines Mannes lindern kannst.

♥ Schau in seinen Kleiderschrank, seine Schubladen, wirf einen Blick auf seinen Schreibtisch. Könntest du ihm helfen, indem du Ordnung machst?

♥ Betrachte seinen Körper von Kopf bis Fuß. Könnte eine Massage seinen Stress mindern? Das Buch *Praying for Your Husband from Head to Toe* von Sharon Jaynes könnte dir helfen, dein Begehren zu steigern.

♥ Setze dich in sein Auto. Würde ein bestimmtes Zubehör oder eine Reinigung des Fahrzeuges ihm das Fahren angenehmer machen? Oder muss etwas repariert werden?

♥ Würde dein Mann von einem Quickie[44] profitieren? Dr. Juli Slattery sagt, dass Männern Quantität wichtiger ist als Qualität.[45] Wenn du überlegst, wo du Quickies in deinem Tagesablauf unterbringen kannst, probiere mal aus, ihn etwas früher zu wecken, ihn zur Mittagspause nach Hause einzuladen, den Mittagsschlaf des Babys zu nutzen, ihn mit den Händen zum Orgasmus zu bringen, ihn mitten in der Nacht aufzuwecken oder zu ihm unter die Dusche zu schlüpfen.

♥ Liz Sanches hatte die Idee für eine »Verführerische-Nachtwäsche-Herausforderung«. Sie entschloss sich, 30 Tage lang in besonders hübscher Nachtwäsche ins Bett zu gehen. »Schon am ersten Abend, als ich mit einem verführerischen Dessous angetan ins Bett schlüpfte, fragte er mich, warum ich das angezogen hatte … dann zog er mich zu sich herüber und meinte: Das ist ja großartig! Das heißt, ich bekomme meine Frau jetzt so, wie ich sie schon immer haben wollte!«[46]

Seht, welch eine Liebe hat uns der Vater erwiesen […]
(1. Johannes 3,1)

Tipps für das Liebesleben

Klettere in die Welt deines Mannes hinein …

♥ … klettere über ihn, wenn du aus dem Bett steigst, um seine Aufmerksamkeit zu erregen (oder klettere auf ihn).

♥ … klettere auf seinen Schoß, wenn er frühstückt, fernsieht oder am Schreibtisch arbeitet.

♥ … klettere zwischen ihn und Lenkrad, wenn er das Auto in der Garage geparkt hat. Stelle die Lehne flach und dann folge deinen Gefühlen.

♥ … klettere rückwärts vor ihm die Treppe hinauf, während du ihn Stück für Stück ausziehst.

♥ … klettere hinter ihm auf das Motorrad oder Pferd oder Surfbrett, um Nähe zu erzeugen.

Tugendhaft

Du wirst eine Frau, die moralische Stärke beweist,
christliche Sitten bewahrt, Rechtschaffenheit, Ehrlich-
keit, Vertrauenswürdigkeit beherrscht und aufrechte
Entscheidungen trifft.

Die Freibordmarke[47] auf einem Schiffsrumpf zeigt an,
wie tief das Fahrzeug beim Beladen in das Wasser ein-
tauchen darf, ohne die Sicherheit zu gefährden. Für eine
sichere Fahrt ist es unumgänglich, dass der Kapitän die
Freibordmarke im Auge behält. Auch dein Mann hat
eine Freibordmarke. Wenn du ihm zu viel auflädst, werden sein Leben, seine Gesundheit oder eure Beziehung
untergehen. Er braucht dich als diejenige, die auf die
Freibordmarke achtet.

Hilf ihm, Überarbeitung, zu viele Verpflichtungen
und übermäßigen Stress zu vermeiden. Sicher, er ist
selbst für seine Entscheidungen verantwortlich, aber
die meisten Männer werden fast ständig darum bemüht

sein, ihren Frauen zu gefallen, ohne große Rücksicht auf eigene Belastungsgrenzen zu nehmen. Also sei eine tugendhafte Frau, die es sich zur eigenen Aufgabe macht, seine Freibordmarke im Auge zu behalten.

Wenn wir vor Studenten (beider Geschlechter) sprechen, dann sage ich: Mädchen, was diese Jungs wollen, ist eine pflegeleichte Frau, die den Stress reduziert und die Fähigkeit zum Erfolg steigert. Das ist das, was Männer für liebenswert erachten.

Einer meiner liebsten Bibelverse: Boas sagt zu Ruth, für die er sich außerordentlich interessiert: *Das ganze Volk in meiner Stadt weiß, dass du eine tugendsame Frau bist.* (Ruth 3,11) Das Wort *tugendsam* kann an dieser Stelle auch mit *Tapferkeit* oder *Mut im militärischen Sinn* übersetzt werden. Du bist eine »Soldatin«, eine Verteidigerin deines Mannes, deiner Ehe, deiner Familie.

Tipps für das Liebesleben

Wie gut weißt du darüber Bescheid, was deinen Mann belastet? In *Men Are Like Waffles, Women Are Like Spaghetti* erklären wir, dass Männer und Frauen Stress unterschiedlich verarbeiten. Wir Frauen reden uns durch Stresssituationen hindurch und frei, während

Männer einen bevorzugten Rückzugsort aufsuchen, um zu ruhen und Kraft zu schöpfen. Aber Gott hilft uns dabei, solche Rückzugsorte der Männer zu erkennen. Meist haben sie eine eckige Form: Fernsehgerät, Garage, Fußballplatz, Baseballfeld, Basketball- oder Tennisplatz, Billardtisch, Computer, Kühlschrank und das Bett. Das Bett-Rechteck, man könnte es auch Sex-Rechteck nennen, ist einer der bevorzugten Rückzugsorte für Männer, die unter Stress stehen. Das ist so etwas wie das freie Quadrat auf der Bingo-Karte. Von jedem Ort ihres Lebens aus können Männer direkt dort hin springen. (Bill und ich haben ein paar Code-Sätze entwickelt für den Wunsch nach Sex: Dazu gehört *hast du Lust auf Bingo*? Bills Stress schwindet schon, wenn er nur eine Bingo-Karte auf dem Schreibtisch oder in seiner Brieftasche findet.)

Wohin geht dein Mann, wenn er überlastet ist? Plane Besuche an seinen bevorzugten Rückzugsorten! Zum Beispiel als …

Massage-Spezialistin. Besuche mit ihm ein Fachgeschäft, in dem Massagesessel ausprobiert werden können.

Whirlpoolgespielin. Du steigst mit ihm in das heiße Wasser und überlässt ihm alles Weitere.

Geisha. Lass heißes Wasser in die Wanne, zünde Kerzen an und biete ihm an, für sein Lieblingsvergnügen zu sorgen.

Besitzerin des Schönheitssalons. Du schenkst ihm eine Maniküre oder Pediküre oder beides. Biete ihm eine Schlammpackung an … die Vorliebe von Jungs für Schlamm hält ein Leben lang an.

Masseurin. Die Autorin Kathi Lipp gibt diese hilfreichen Tipps: »Als Roger und ich heirateten, gaben wir ein kleines Vermögen für Öle und Salben aus. Nach und nach stellten wir fest, dass unsere Lieblingssorten wie Salatzutaten klingen: Mango-Öl, Mandel-Paste, Zitronen-Massageöl … und wenn wir heute verreisen, achten wir darauf, dass wir unser ›Salatzubehör‹ nicht vergessen.«[48]

Um mir das Verschenken von Entspannung leichter zu machen, habe ich (Pam) mir Körbe mit den für jede Art von Entspannung passenden und notwendigen Zutaten bereitgestellt. Wer alles griffbereit hat, kann sofort aktiv werden, sobald die Freibordmarke des Mannes überschritten wird.

Du wirst eine Frau, die für tiefes Verständnis, treff-sicheres Urteilsvermögen und gerechte Beurteilungen bekannt ist.

Als weise Frauen gehört es zu unseren Zielen, Wissen zu erwerben, Erfahrungen zu sammeln, Fähigkeiten zu erlernen, und all dieses Wissen mit Urteilsvermögen und Verständnis anzuwenden. Zum Beispiel trage ich (Pam) ein »Fitness-Armband«. Das ist ein Messgerät, das aufzeichnet, wie viel Schlaf und wie viel körperliche Aktivitäten ich bekomme. Eines Tages erschien ein Warnhinweis auf dem Bildschirm: *Der Mittwoch ist ein Tag, an dem unsere Mitglieder häufig nachts zu wenig Schlaf bekommen. Viele Menschen überfrachten den Mittwoch mit Aktivitäten und Verpflichtungen.* Nachdem ich das nun weiß, plane ich bewusst Rendezvous mit Bill für die Mitte der Woche ein.

Viele Paare haben sich an einen bequemen Rhythmus von Samstagabend-Sex oder Sonntagnachmittags-Schläfchen gewöhnt – im Grunde genommen also einmal wöchentlich Sex. Wenn du ein paar zusätzliche Optionen in deinen Terminplan einbaust, wirst du feststellen, dass es häufiger erotische Zwischenspiele gibt. Der Testosteronspiegel des Mannes ist beispielsweise morgens am höchsten.[49] Daher ist es weise, ein- oder zweimal wöchentlich am Morgen für eine passende Gelegenheit zu sorgen – so kommt Vielfalt in das Liebesleben. Oder, wenn die Jugendgruppe sich jeden Dienstagnachmittag trifft, nutze es aus, dass die Teenager aus dem Haus sind.

Kathy Collard Miller, Autorin von *When the Honeymoon's Over*, schreibt: »Da die Kinder inzwischen ausgezogen und wir oft alleine zu Hause sind, trage ich gerne verführerische Kleidung in unserem Heim. Ich habe allerdings etwas zum Drüberziehen bereit für den Fall, dass die Kinder uns per Skype anrufen. Wir haben herausgefunden, dass die Nachmittage für unser erotisches Vergnügen am besten geeignet sind, weil wir da nicht müde sind.«

Die Weisheit der Frauen baut ihr Haus (Sprüche 14,1).

Tipps für das Liebesleben

Sei bereit für glühend heiße Liebe!

💜 *Geistig bereit.* Viele der Autoren, die wir zitiert haben, bieten wunderbare Materialien, Konferenzen und Online-Foren an. *United Marriage Encounter* beispielsweise hat erfahrene Mentoren und Eheberater, die kreative Einsichten weitergeben. Ein Beispiel: »Streitet euch nackt – das kürzt die meisten Auseinandersetzungen erheblich ab!« Höre christliches Radio, schau dir christliches Fernsehen oder Podcasts an, lies weitere Bücher. (Ein Liebesratgeber kann seinen Platz im Handschuhfach oder auf dem Nachttisch finden.) Lest einander abwechselnd daraus vor.

💜 *Schlafzimmer bereit.* Kerzen und Streichhölzer zum Anzünden sollten immer vorhanden sein. In einem Körbchen auf dem Nachttisch oder in einer Schublade hältst du Utensilien für das heiße Liebesleben bereit: Aromatische Öle, ein Duftspray für die Bettwäsche, Lippenstift in seiner Lieblingsgeschmacksrichtung, Pfef-

ferminz Dragées oder Spray für guten Atem,
Gleitmittel, Massageöl, Taschentücher oder
andere Zellstofftücher zum Abwischen und
kleine Handtücher. Vielleicht möchtest du auch
eine Leckerei und ein Getränk bereitstellen …
jedenfalls sollte alles griffbereit sein. (Schon
der Anblick solcher Utensilien kann die meisten Männer in Fahrt bringen.)

💜 *Mitnahmepaket bereit.* Du kannst das ausweiten
und ein Paket für unterwegs vorbereiten: Passende Utensilien für heiße Liebeserlebnisse
(in einem Beutel verstaut) hältst du in deiner
Handtasche griffbereit für besondere, spontane Momente.

Weltoffen

Du wirst eine Frau, die sich für fremde Völker, Kulturen und Sitten begeistern kann.

Bill und ich reisen in unserem Dienst als Beziehungsberater um die Welt und wir sammeln überall romantische Ideen. Ich sprach einmal bei einer Frauenkonferenz in Japan. Unsere Kinder waren noch klein, Bill hielt daher zu Hause die Stellung. Ich wollte etwas ganz besonderes für ihn tun, also kaufte ich zueinander passend einen seidenen Kimono, eine japanische Laterne, orientalische Musik und eignete mir ein paar Geisha-Tanzbewegungen an. Als Bill mich am Flughafen abholte, gab ich ihm einen langen, feuchten Kuss und ließ eine japanische Münze in seine Hosentasche gleiten. In sein Ohr flüsterte ich: »Dieser Yen für dich ist nur der Anfang ...«

Ich sammle auch Kerzen aus all den Ländern, die wir besuchen. Wenn Bill nach Hause kommt und unser Heim in warmen Kerzenschein getaucht ist, dann will ich damit sein Begehren entfachen. Dennis und Barbara Rainey schlagen in *Rekindling the Romance* vor, dass Mann und Frau jeweils eine Kerze auf ihrem Nachttisch als Signal ihres Interesses einsetzen.[50] (Man kann auch elektrische Kerzenimitationen oder Solarkerzen dafür verwenden.)

Tipps für das Liebesleben

Hier sind ein paar Ideen, rund um die Welt gesammelt.

Singapur. Meist verbringen Braut und Bräutigam einen ganzen Tag damit, in ihren hochzeitlichen Gewändern quer durch ihre Stadt Fotos zu machen. Daraus entsteht dann ein Fotoalbum. Verbringe einen solchen Tag mit deinem Mann; ihr fahrt mit einer Kamera mit Selbstauslöser und einem Stativ zu all eueren Lieblingsplätzen und macht Aufnahmen. So entsteht euer persönliches Album, aus dem du dann je ein Bild für den Schreibtisch deines Mannes und deinen aussuchst.

Europa. Überall findet man inzwischen »Liebesschlösser« an Brückengeländern. Ein Paar geht zu einer Brücke, schwört sich ewige Treue und befestigt ein Vorhängeschloss als Symbol des Versprechens an der Brücke. Der Schlüssel wird ins Wasser geworfen, was für die ewige Gültigkeit dieses Versprechens steht. Suche online nach einer Brücke, wo das erlaubt ist. Inzwischen kann man auch spezielle, personalisierte Vorhängeschlösser kaufen.

Mexiko und Südamerika. Übernimm die lateinamerikanische Tradition, dass eine Braut einen blauen Unterrock trägt oder drei Bänder an ihre Unterwäsche näht, ein gelbes als Symbol für Nahrung, ein blaues für Leidenschaft und ein rotes für die gemeinsame Zukunft.[51] Du kannst die Idee auch so anpassen, dass du sexy Wäsche in diesen Farben kaufst oder ein bunt gemustertes Fiesta-Kostüm besorgst, um dann damit bekleidet ein scharfes traditionelles mexikanisches Gericht zu servieren. Lass bei deinem Mann keinen Zweifel aufkommen, dass du selbst die heiße Tamale[52] bist. Spiele heiße Mariacchi- oder Salsamusik dazu ab.

Naher Osten. Du stellst im Garten ein Beduinenzelt auf. Lege einen persischen Teppich darin aus und dekoriere mit Kissen und Polstern. Serviere ein arabisches Menü – komplettiere die Szene mit arabischer Musik und Tanz.

Afrika. Dekoriere aus einem Zelt, mit Moskitonetzen und einem Feldlager eine Safariszene, lass afrikanische Musik laufen und versuche dich im Stammestanz.

Weltweite Garderobe. Kaufe sexy Kleidungsstücke: einen Sarong, einen Bastrock, einen Sari, einen Kimono, eine Toga oder ein bunt gemustertes Tuch als afrikanischen Rock (Oberteil optional). Mit Henna kannst du für wieder entfernbaren Hautschmuck sorgen; ein paar hübsche Ketten und Armbänder runden das Bild ab.

Lecker

Du wirst eine Frau, die köstlich kocht und appetitan-
regende, geschmackvolle, pikante, fabelhafte und saftige
Mahlzeiten zubereitet.

Nichts sagt deutlicher »ich verehre dich«, als die Zu-
bereitung des Lieblingsessens für deinen Mann! Der
Eheberater Gary Chevalier stimmt dem zu: »Wir kennen alle das alte Sprichwort, dass der Weg zum Herzen
des Mannes durch den Magen führt. Bei uns zu Hause
buchstabiert Andrea die Liebe T-A-C-O. Tacos sind
mein Lieblingsessen, und ich weiß, dass sie mir ein Signal sendet, wenn ich den Geruch in die Nase bekomme. Nach einem Abend mit Tacos folgt fast immer ein
heißes Liebeserlebnis!« (Das gibt Salsa eine ganz neue
Bedeutung.) «

   Gibt es so etwas wie sexy Essen? Ava Cadell, Sexu-
alforscherin an einer Klinik, sagt: »Manche Nahrungs-
mittel senken die Hemmschwelle, manche sorgen für

Durchblutung der Genitalien, manche setzen Glücks-
hormone frei.«[53] »Essen, das generell die Gesundheit
fördert, wird auch das Sexleben stärken«, erklärt Julie
Walsh, Sprecherin der *American Dietetic Association.*[54]

Wir wollen einen Blick auf einige nahrhafte Aphrodisiaka werfen. Bill und ich haben hier ein paar Vorteile
zusammengefasst, weitere Einzelheiten findet man auf
unserer Webseite www.Love-Wise.com.

Proteine für die Party. Proteine sind die Voraussetzung
für den Muskelaufbau des Mannes, der zu einem stei-
genden Testosteronspiegel führt. Somit steigert pro-
teinreiche Nahrung seine Fähigkeit, eine Erektion zu
bekommen, trägt zu einer gesunden Libido bei und
enthält darüber hinaus Vitamine und Mineralien, die
den Dopamingehalt im Gehirn erhöhen und sexuelle Erregung auslösen. Bei manchen Speisen ist es die
Art und Weise, wie sie gegessen werden, die erotisch
ist: Das Schmatzen beim Abnagen von Rippchen, ein
fleischiger Hummer, der in Butter getaucht wird oder
jegliche Variation von Geflügelbrust. Austern sind
von jeher Symbol für Sex, ein bekanntes Aphrodisiakum. Rotes Fleisch und Schinken sind Synonyme für
Männlichkeit. Der Herausgeber einer Rezeptzeitschrift
meinte: »Wenn ein Mann sieht, wie du ein Steak mei-

sterst, denkt er daran, dass du später im Schlafzimmer die Führung übernehmen wirst. Was könnte noch sexyer sein?«[55] Kraftstrotzende Proteinpakete sind zum Beispiel Steak, Rippen, Lamm, Austern, Eier, Shrimps, Hummer, Geflügel, Nüsse, Kaltwasserfisch, Getreide und Kaviar.

Getreide für den guten Orgasmus. Haferflocken und Vollkorn sind eine natürliche Quelle für mehr Testosteron und stärkeren Sexualtrieb samt stärkeren Orgasmen für Männer und Frauen.[56]

Früchte für das Vorspiel. In Früchten befindet sich natürlicher Zucker, daher ist ihre Süßkraft den Raffinaden, die zu Diabetes und zur Erosion der sexuellen Leistungskraft führen, vorzuziehen. Manche Früchte haben einen Viagra-Effekt auf die Blutgefäße, vermehren die Spermien, stärken das Leistungsvermögen und bringen den Sexualtrieb in Fahrt. Süße Früchte werden gedanklich mit süßem Sex verknüpft, manche Früchte haben Formen, die an Geschlechtsorgane erinnern. Zum Beispiel Avocados: Die Früchte repräsentieren das Weibliche und das Männliche. Wenn man sie aufschneidet, sind sie geformt wie ein Muttermund; die Azteken nannten die Früchte Hodenbaum. Die Feige erinnert an die Kleidung des ersten Menschenpaares im Garten Eden. Als wir auf den Philippinen Mangos probierten, waren sie so saftig, dass man uns erklärte, sie sollten am besten nackt oder in der Badewanne verzehrt werden. Zu den Früchten, die man immer parat haben sollte, zählen Beeren, Bananen, Pfirsiche, Wassermelonen, Zitrus- und tropische Früchte, Kirschen, Granatäpfel und Weintrauben.

Gemüse für die Potenz. Viele der Gemüse, die gut für die Sexualität sind, haben Formen wie ein Phallus. Manche Gemüse erhöhen die Empfindlichkeit des Körpers für Stimulation oder sind schon seit jeher als Aphrodisiaka bekannt: Spargel, Süßkartoffeln, Karotten, Ingwer, Knoblauch, Lauch, Zwiebeln, Frühlingszwiebeln, Schnittlauch, Artischocken, Oliven, grüne Salate (Rucola, Spinat, Broccoli, Rosenkohl, Grünkohl, Weißkohl, Mangold, Pok Choi, Sellerie), Tomaten und Trüffel (oder Trüffel-Öl).

Gewürze für das Knistern. Gewürze sind kalorienfrei, aber sexuell potent. Manche symbolisieren glühend heißen Sex: Chili und Cayenne. Im alten Rom wurde das Wort Zimt als Synonym für Schatz und Liebling benutzt.[57] Andere Gewürze sorgen für Spaß: Honig oder Agavesirup auf einen Teller (oder sonst wohin) tropfen lassen …

Lege dir ein „sexy" Gewürzregal zu, das Safran, Chili, Cayenne, Vanille, Muskat, Zimt, Ingwer, Honig und Agavensirup enthält.

Dessert und Getränke für die Lust. Ungesüßter grüner Tee enthält Antioxidationsmittel, die den Blutfluss fördern und dadurch für sexuelles Stehvermögen sorgen.[58] Milch und Molkereierzeugnisse können dem Körper wohl tun. Oft sind jedoch Milchprodukte sehr zuckerhaltig, also wähle bevorzugt Magermilcherzeugnisse, die können die Fruchtbarkeit steigern und sorgen für ein vermindertes prämenstruelles Spannungssyndrom.[59] Griechischer Joghurt erhält den Darm gesund und den Körper schlank. Käse mit seinem Proteingehalt und Kalzium ist in geringen Mengen wohltuend. Das Lecken an einer Eiswaffel ist ein kulinarisches Vorspiel, genau wie Schlagsahne aus der Sprühdose.

Cappuccino. Der weibliche Sexualtrieb kommt nach einer Tasse Kaffee auf Touren.[60] Wenn du sexy Kakaopulver darüber streust oder ein Herz in den Milchschaum zauberst, hast du »Liebe in der Tasse«. Besonders verführerisch wirkt es, wenn du ein wenig Milchschaum auf den Lippen hast, den du dann genussvoll und langsam mit der Zunge ableckst. Mit Koffein solltest du allerdings grundsätzlich eher sparsam sein. Koffein ist ein Sperrkörper und könnte negative Effekte auf den Kreislauf und die Libido haben.[61]

Dunkle Schokolade. Nimm Schokolade mit 70 Prozent Kakaoanteil, denn das setzt die gleiche Menge Endorphine frei wie sexuelle Aktivität.[62] Dunkle Schokolade stärkt das Gefühl der Verbundenheit zwischen zwei Menschen und regt das Gehirn zu längerer und intensiverer Aktivität an als ein Kuss.[63] Die Azteken wussten, dass dunkle Schokolade Männer belebt und bei Frauen die Hemmschwelle senkt. Besonders sexy wird Schokolade, wenn du sie in einem Soufflé schmilzt oder als Fondue für Erdbeeren oder Bananen erhitzt. (Wenn ein Brocken von der Gabel in den Fonduetopf fällt, gibt es jedes Mal einen Kuss!)

> *Du bist gewachsen wie ein Lustgarten von Granatäpfeln mit edlen Früchten, Zyperblumen mit Narden, Narde und Safran, Kalmus und Zimt, mit allerlei Weihrauchsträuchern, Myrrhe und Aloe, mit allen feinen Gewürzen.* (Hohelied 4,13–14)

Ich habe mein Lager mit Myrrhe besprengt, mit Aloe und Zimt. Komm, lass uns kosen bis an den Morgen und lass uns die Liebe genießen. (Sprüche 7,17–18)

Tipps für das Liebesleben

♥ Besucht zusammen einen Kochkurs.

♥ Besorgt euch sexy Schürzen für das Kochen zu Hause, und wenn ihr alleine seid, zieht nichts anderes an als nur die Schürzen.

♥ Bereite sein Lieblingsessen als besondere Überraschung oder Belohnung für eine besondere Leistung oder anlässlich einer guten Nachricht zu.

♥ Veranstalte ein Kerzenpicknick im Schlafzimmer, bei dem eure Körper die Teller ersetzen.

♥ Gib ihm erotische und sinnliche Speisen zu essen. Erkläre ihm die Details und Lust anregenden Qualitäten der einzelnen Delikatessen.

Schwungvoll

Du wirst eine Frau, die aus jeder Situation das Beste herausholt und aufregende Qualitäten wie Enthusiasmus, Glut, Pep und Würze aufweist.

»Die beste Art und Weise, die Aufmerksamkeit meines Mannes zu erregen und seine Hormone in Schwung zu bringen, besteht darin, mich spielerisch und kokett in selbstbewusster Nacktheit zu zeigen. Für eine Frau mit einem alles andere als perfekten Körper ist das eine gewagte Aussage – aber letztendlich glaube ich Bob: Er mag alles an mir, von Kopf bis Fuß, jedes Grübchen, jede Falte, jede Ausbuchtung, die nicht da sein sollte«, sagt Audrey Meisner, Autorin des Bestsellers *Marriage Under Cover* und Fernsehmoderatorin von *My New Day*. Sie ist mit ihrem Mann und Ko-Moderator Bob seit 29 Jahren verheiratet.

»Der erste Hinweis in diese Richtung war die Tatsache, dass ich die meisten Komplimente und die größte Bewunderung bekam, wenn ich nackt war. Wenn ich mir besonders viel Mühe mit Kleidung und Schminken, Frisur und Schuhen sowie Schmuck mache, um wirklich richtig heiß auszusehen, bemerkt Bob das entgegen meiner Erwartung kaum oder gar nicht. Aber wenn ich mich ausziehe, dann …!

Es hat eine Weile gedauert, bis mir die Nacktheit wirklich behaglich wurde und mir das Adam-und-Eva-Spiel nicht mehr unangenehm vorkam, aber wenn ich jetzt mit Bob alleine bin, kann ich so gut wie alles nackt tun. Ich schlafe nackt, mache nackt sauber, koche unbekleidet und gehe bevorzugt ohne Textilien ins Wasser.

Zeige deinen Körper so viel und oft, wie es dir ohne Unbehaglichkeit gelingt! Du kannst damit schrittweise anfangen, zunächst vielleicht mit knappen Dessous … verrichte einfach so viele deiner Alltagstätigkeiten wie möglich mit so wenig Kleidung am Leib wie möglich.

Mein Rat, um die Temperatur zu erhöhen lautet also: Zieh alles aus. Das einzige, was du trägst, ist diese Einstellung: *Ich habe etwas, was du willst, mein Schatz! Du kannst dich schon mal auf später freuen.*«

Eva besaß vor dem Sündenfall die gleiche Haltung, von der Audrey hier spricht. *Und sie waren beide nackt, der Mensch und seine Frau, und schämten sich nicht.* (1. Mose 2,25)

Lass dich zu einer Eva-Einstellung inspirieren und werde vertraut mit deiner eigenen Haut. (Dein Ehemann wird deinen Mut zur Nacktheit als erregend empfinden.) Mit großer Wahrscheinlichkeit ist für deinen Mann dein nackter Körper ein viel angenehmerer Anblick als zunächst für dich selbst. Dr. Tim LaHaye führt aus, dass 60 Prozent der Männer zwischen 45 und 59 Jahren ihren Frauen die Höchstzahl von 10 Punkten für »körperlich attraktiv« geben.[64] Sheila Gregoire zitiert aus einer Studie unter Ehepaaren, in der untersucht wurde, wer am meisten Spaß im Schlafzimmer hat. Die Schlagzeile lautet: Es ist *nicht* das spindeldürre Modell für Bademode! Die typische sexuell zufriedene Frau ist eher die Sekretärin mittleren Alters von nebenan, weil sie nämlich das Geheimnis für sexuellen Erfolg kennt: Zwanzig Jahre mit dem gleichen Mann verheiratet und einander noch immer oder erst recht vollkommen und uneingeschränkt hingegeben sein.[65]

Eine andere Studie offenbarte, dass die zweitbeliebteste sexuelle Aktivität (nur vom Geschlechtsverkehr übertroffen) für Männer und Frauen darin besteht, dem Partner beziehungsweise der Partnerin beim Ausziehen zuzusehen.[66] Also mach das Licht *an* und lass das Feigenblatt fallen wie diese Frauen es getan haben:

♥ Ich kaufte ein paar schicke Cowboystiefel. Als ich sie anprobierte, fragte ich meinen Mann, wozu ich sie tragen könnte. Er lächelte und schlug vor: »Ohrringe?« Das brachte mich auf die Idee, jedes Mal, wenn ich etwas Neues anprobiere, diese Frage zu stellen. (Kendry Smiley, Koautorin mit ihrem Mann John von *Do Your Kids a Favor...Love your Spouse.*)

♥ Ich brachte die Kinder für eine Nacht anderswo unter und forderte dann meinen Mann zu einer Partie Strip-Billard in unserem Keller heraus ... ich hatte erst nach 16 Jahren Ehe den Mut, so etwas zu initiieren. Er sagt, das sei – bisher – seine heißeste und liebste Verabredung mit mir gewesen!

♥ Es gab eine Phase von etwa sechs Monaten, in denen die Mutter meines Mannes bei uns wohnen musste. Ich ließ ihm einen Ballon mit einem Hotelschlüssel als Gewicht an der Schnur ins Büro liefern. Als er im Hotel ankam, begrüßte ich ihn mit einer Karte, auf der ich mit nichts am Leib als einer Schleife auf dem Kopf zwischen zwei Plakatkartons zu sehen war.

💙 An seinem 25sten Geburtstag wickelte ich mich in 25 Luftballons ein – darunter trug ich nichts. Als er zur Türe herein kam, reichte ich ihm eine Nadel.

So ist's ja besser zu zweien als allein; denn sie haben guten Lohn für ihre Mühe. Fällt einer von ihnen, so hilft ihm sein Gesell auf. (Prediger 4,9–10)

Tipps für das Liebesleben

💙 Erhalte Lust und Reiz lebendig, indem du ein Netzwerk von Eheexperten aufbaust, die dir Vertrauen und Zuversicht vermitteln können.

💙 Bereise die Welt! Macht eine Liste von Reisezielen, die ihr besuchen wollt und sucht eines für dieses Jahr aus.

💙 Ermutige andere. In Sprüche 27,17 heißt es: *Ein Messer wetzt das andre.* Pflegt als Paar soziale Kontakte, damit eure Liebe stark wird.

💙 Trefft Verabredungen mit einem anderen Paar von dem ihr glaubt, dass es die Art von Liebe erlebt, die ihr euch wünscht.

♥ Ladet ein älteres Paar zum Abendessen ein und findet heraus, ob sie eure Berater sein möchten.

♥ Lernt euren Pastor oder eine geistliche Gruppe kennen.

♥ Schließt euch einer auf die Ehe bezogenen Gesprächsgruppe an.

♥ Ladet andere Ehepaare aus eurer Kirche oder erweiterten Verwandtschaft zum Essen ein.

Unterstützt einander schwesterlich. Fawn Weaver, Gründerin des *Happy Wives Club*, sagt: »Glücklich bis ans Ende ihrer Tage … das muss kein Märchen sein. Es ist eine Frage der Entscheidung.«[67] Fawn hat eine Webseite ins Netz gestellt, auf der Ehefrauen miteinander in Kontakt treten können. Wenn du andere Frauen kennen lernst, die glücklich verheiratet sind und ihre Ehemänner wertschätzen, dann pflege viel Gemeinschaft mit ihnen. Tauscht euch über Ideen für erotische Zweisamkeit aus und betet gegenseitig für eure Ehen.

Sprich mit Gott. Betet als Paar täglich gemeinsam. Warum nicht nackt beten? Setzt euch unbekleidet einander gegenüber, die Körper umschlungen, und betet für einander, während ihr euch in die Augen schaut. Du kannst auch still für deinen Mann beten, während ihr euch liebt. Das wird deine Lust an ihm steigern. Das ist wahre Intimität: Körper, Seele und Geist begegnen sich so, wie Gott es geplant hat, und daraus entsteht reine Leidenschaft und eine Liebesbeziehung, die glühend heiß entflammt ist – und auch dauerhaft so bleibt.

Endnoten

1   Auf unserer Webseite www.Love-Wise.com gibt es
    eine Liste von Aspekten, die aus Sicht der Männer
    besonders häufig Frustration verursachen, sowie
    jede Menge weitere hilfreiche Informationen über
    die Ehe und das eheliche Liebesleben.

2   Carolyn Coker Ross, MD, *Why Do Women Hate
    Their Bodies?* http://psychcentral.com/blog/ar-
    chives/2012/06/02/why-do-women-hate-their-
    bodies

3   *Media Influence*, http://www.raderprograms.com/
    causes-statistics/media-eating-disorders.html

4   *Dying to Be Barbie*, http://www.rehabs.com/ex-
    plore/dying-to-be-barbie

5   Vicki Heath, Seminar bei *First Place 4 Health*, well-
    nessweek 2013, www.firstplace4health.com

6   Les and Leslie Parrott, *Trading Places* (Grand Rap-
    ids, MI: Zonder-van, 2008), 79.

7   Gary Smalley, *The DNA of Relationships* (Wheaton,
    IL: Tyndale, 2004), 96.

8   William Harley, zitiert in Tim and Beverly LaHaye, *The Act of Marriage After 40* (Grand Rapids, MI: Zondervan, 2000), 97.

9   Mark Driscoll, *Real Marriage* (Nashville: Thomas Nelson, 2012), 266.

10   Eryn-Faye Frans, LLB, *The Essential Elements of Sex* (Bloomington, IN: iUniverse, 2012), 17.

11   David Schnarch, *Passionate Marriage* (New York: Holtand Company, 1997), 157.

12   Dr. Gary and Barbara Rosberg, mit Ginger Kolbaba, *The 5 Sex Needs of Men and Women* (Carol Stream, IL: Tyndale, 2006), 106.

13   Stephen Covey, *7 Habits of Highly Effective People* (New York: Free Press, 1989), 238.

14   Dave Clarke, *Kiss Me Like You Mean It*, zitiert in Arlene Pellicane, *31 Days to a Happy Husband* (Eugene, OR: Harvest House, 2012), 166.

15   Theresa Tamkins, *Wearing Red May Boost Sex Appeal*, October 28, 2008, http://news.health.com/2008/10/28/wearing-red-boost-sex-appeal/

16   http://www.merriam-webster.com/dictionary/good

17   J. M. Gottman, *Why Marriages Succeed or Fail: And How to Make Yours Last* (New York: Simon and Schuster, 1994), 41.

18 Ibid., 41–42, Kursivdruck im Original.

19 Juli Slattery, PhD, *Helping Your Husband Become a Leader*, Interview von Nancy Leigh DeMoss, *Revive Our Hearts*, January 24, 2013, http://www.reviveourhearts.com/radio/revive-our-hearts/helping-your-husband-become-leader/

20 Kevin Leman, PhD, *Sheet Music* (Carol Stream, IL: Tyndale, 2003), 52.

21 Douglas Rosenau, zitiert in Juli Slattery and Linda Dillow, *Passion Pursuit: What Kind of Love Are You Making?* (Chicago: Moody, 2013), 158.

22 Roko Belic, dir., *Happy*, 2011 Dokumentation über das Glück, Creative Visions Foundation and Wadi Rum Production, www.thehappy movie.com

23 Ed Wheat, MD, und Gaye Wheat, *Intended for Pleasure* (Grand Rapids, MI: Revell/Baker, 1977), 220.

24 John and Anita Renfroe, Duets: *Still in the Word … Still in the Mood* (Colorado Springs: David C. Cook, 2010), 176-77.

25 Kevin Leman, PhD, *Sheet Music* (Wheaton, IL: Tyndale, 2003), 144.

26 Dr. Gary and Barbara Rosberg, with Ginger Kolbaba, *The 5 Sex Needs of Men and Women* (Carol Stream, IL: Tyndale, 2006), 134–35.

27 Eryn-Faye Frans, LLB, *The Essential Elements of Sex* (Bloomington, IN: iUniverse, 2012), 19.

28 Zitiert in Gary Smalley and Ted Cunningham, *The Language of Sex* (Ventura, CA: Regal Books / Gospel Light, 2008), 159.

29 Tony and Alisa Di Lorenzo, *7 Days of Sex Challenge* (San Diego: 2012), 5-6.

30 Rosberg and Rosberg, *5 Sex Needs*, 180.

31 Sheila Gregoire, *29 Days to Great Sex*, Love, Honor, and Vacuum blog, http://tolovehonorandvacuum.com/2012/02/29-days-to-great-sex-day-1-the-act-of-marriage/

32 Entnommen aus Juli Slattery, PhD, *No More Headaches* (Carol Stream, IL: Tyndale, 2009), 17.

33 Jay and Laura Laffoon, *He Said. She Said.* (Ada, MI: Baker Books, 2010), 156-57.

34 Mehmet Oz, MD, Blogeintrag bei *You, the Owner's Manual*, http://www.sharecare.com/health/sex-and-relationships/health-benefits-of-male-masturbation

35 Emerson Eggerichs, PhD, *Love & Respect* (Nashville: Thomas Nelson, 2004), 49

36 Ebenda, 253

37 Dave Barry, *Dave Barry's Guide to Marriage and/or Sex* (Emmaus, PA: Rodale Books, 2000), v.

38 Kathi Lipp, *The Marriage Project* (Eugene, OR: Harvest House, 2009), 60

39 ebenda

40 Dr. David Jeremiah, *What the Bible Says About Love, Marriage and Sex* (San Diego: Turning Point, 2010), 193.

41 Lisa Masterson, MD (ob/gyn), *The Doctors*, TV show aus Hollywood, http://www.thedoctorstv.com/main/content/Erectile_Dysfunction

42 Ed Wheat, MD, und Gaye Wheat, *Intended for Pleasure* (Grand Rapids, MI: Fleming Revell, 1977), 125.

43 Lisa Masterson, MD (ob/gyn), *The Doctors*, TV show AUS Hollywood, http://www.thedoctorstv.com/main/content/Penis_Size

44 Ein Quickie ist schneller Sex zwischendurch – ohne Vor- und Nachspiel

45 1. Juli Slattery, PhD, *No More Headaches* (Carol Stream, IL: Tyndale, 2009), 80.

46 Liz Sanchez, *Take the Pretty Nightie Challenge*, http://www.momlifetoday.com/2010/12/take-the-pretty-nightie-challenge/

47 Die Freibordmarken müssen eine Länge von 30 cm und eine Höhe von 4 cm haben. Sie sind unaustilgbar hell auf dunklem Grund oder dunkel auf hellem Grund so anzubrin-

gen, dass ihre Unterkante der tiefsten Einsenkung entspricht. http://de.wikipedia.org/wiki/Schiffsma%C3%9Fe#Freibordmarke

48 Aus Kathi Lipp, *The Marriage Project* (Eugene, OR: Harvest House, 2009), 129.

49 *Dr. Ruth's Sex Tips* in *The Doctors*, TV-Show aus Hollywood, http://www.thedoctorstv.com/main/content/Dr_Ruth_Sex_Tips

50 Dennis und Barbara Rainey, *Rekindling the Romance: Loving the Love of Your Life* (Nashville: Thomas Nelson, 2004), 258.

51 The Knot, Wedding Customs: *Wedding Traditions from Around the Globe*, http://wedding.theknot.com/wedding-planning/wedding-customs/articles/wedding-customs-and-traditions-from-around-the-globe.aspx#ixzz2bVsZ3Zdm

52 Eine mit Fleisch, Käse und Zwiebeln gefüllte Maismehltasche

53 Ava Cadell, PhD (clinical sexologist), *Sexiest Foods, She Knows Food & Recipes*, http://www.sheknows.com/food-and-recipes/articles/813240/10-seductive-foods-1

54 Julie Walsh, MS, RD, zitiert in Dulce Zamora, *Good Food for Better Sex?* http://www.webmd.com/menopause/features/good

55 Kelsey Harkness, food and wellness editor, Fox News, *15 Sexy Foods to Order on a Date*, June 03, 2012, http://magazine.foxnews.com/food-wellness/15-sexy-foods-order-date#ixzz2axadhKMu

56 Men's Health, Sex MD, *Oatmeal and Whole Grains*, *How to Eat for Better Sex* http://www.menshealth.com/sex-md/better-sex-diet

57 *Cook to Seduce, Sexy Spices—Use Them!*, 16. Nov. 2012, http://cooktoseduce.com/sexy-spices-and-how-to-use-them

58 Men's Health, Sex MD, *Green Tea, How to Eat for Better Sex*

59 Health, *The Amazing Benefits of Milk*, in *Foods to Fuel Your Body*, http://www.health.com/health/gallery/0,,20307105_3,00.html

60 Women's Health, *Coffee, Sexy Foods: The Hot New Meal*, http://www.womenshealthmag.com/weight-loss/sexy-foods?page=1

61 KatherineLee, *Rev Up Your Libido*, http://www.everydayhealth.com/sexual-health-pictures/healthy-habits-for-a-better-sex-life.aspx#/slide-7; *Fruits and Vegetables World, Sex Life and 10 Top Foods to Boost It*, http://fruits-veges.blogspot.com/2010/08/sex-life-and-10-top-food-to-boost-it.html

62 Women's Health, *Chocolate*, in *Sexy Foods*

63 Men's Health, *Dark Chocolate*, in *How to Eat for Better Sex*

64 Tim and Beverly La Haye, *The Act of Marriage After 40* (Grand Rapids, MI: Zondervan, 2009), 76.

65 Sheila Wray Gregoire, *The Good Girls Guide to Sex* (Grand Rapids, MI: Zondervan, 2012), 16.

66 Linda Dillow and Juli Slattery, *Passion Pursuit: What Kind of Love Are You Making?* (Chicago: Moody, 2013), 177, Zitat aus einer Studie des National Opinion Research Center, University of Chicago

67 Fawn Weaver, *Happy Wives Club*, Zitate, http://www.happywivesclub.com/marriage-quotes/

Bücher von
Bill & Pam Farrel im cap-Verlag

- Die 10 besten Entscheidungen, die eine Frau treffen kann
- Die 10 besten Entscheidungen, die ein Mann treffen kann
- Die 10 besten Entscheidungen, die ein Ehepaar treffen kann
- Die 10 besten Entscheidungen, die ein Leiter/eine Leiterin treffen kann
- Die 10 besten Entscheidungen, die Eltern treffen können
- Die 10 besten Entscheidungen, die ein Single treffen kann
- Bereit zu heiraten? Das Buch für Verliebte
- Unterwegs zu Zweit (Andachtsbuch für Ehepaare)
- Romantische Tipps für Frauen

cap-Verlag
72221 Haiterbach-Beihingen
Bestell-Telefon: 07456-9393-0
Email: bestellung@cap-music.de
www.cap-music.de

Meine Notizen:

Meine Notizen:

Meine Notizen:

Pam Farrel

Die 10 besten Entscheidungen, die eine Frau treffen kann

Paperback, 308 Seiten
Bestell-Nr.: 52 50433
ISBN 978-3-86773-171-3

Bill Farrel

Die 10 besten Entscheidungen, die ein Mann treffen kann

Paperback, 278 Seiten
Bestell-Nr.: 52 50434
ISBN 978-3-86773-175-1

Bill Farrel

Die 10 besten Entscheidungen, die ein Leiter treffen kann

Paperback, 286 Seiten
Bestell-Nr.: 52 50462
ISBN 978-3-86773-187-4

Bill & Pam Farrel

Die 10 besten Entscheidungen, die Eltern treffen können

Paperback, 296 Seiten
Bestell-Nr.: 52 50463
ISBN 978-3-86773-191-1

Bill & Pam Farrel

**Die 10 besten Entscheidungen,
die ein Single treffen kann**

Paperback, 334 Seiten
Bestell-Nr.: 52 50461
ISBN 978-3-86773-186-7

Bill & Pam Farrel

**Die 10 besten Entscheidungen,
die ein Ehepaar treffen kann**

Paperback, 282 Seiten
Bestell-Nr.: 52 50460
ISBN 978-3-86773-185-0

Leslie Vernick

Die emotional zerstörerische Ehe

Paperback, 292 Seiten
Bestell-Nr.: 52 50458
ISBN 978-3-86773-227-7

Bill & Pam Farrel

58 Impulse für Ehepaare

Paperback, ca. 290 Seiten
Bestell-Nr.: 52 50469
ISBN 978-3-86773-222-2